新視点 関ヶ原合戦

天下分け目の戦いの通説を覆す

白峰 旬

平凡社

装幀　中山銀士＋金子暁仁

新視点　関ヶ原合戦◉目次

第六章　「関ヶ原」で戦った藤堂高虎隊と大谷吉継隊……221

エピローグ――関ヶ原合戦から大坂の陣へ　251

〈凡例〉


◉引用部をはじめ、本文中の各所に付された傍線は、すべて著者（引用者）が施した。

◉先行研究は、［著者・編者の名字＋刊行年］で示した。論著の初出年などは、巻末の主要参考文献を参照されたい。

◉二・三章の引用部中、語句の脇に付された〔　〕は補足説明で、すべて著者が施した。

◉次の史料について、本文中で略称にて示す。

　『十六・七世紀イエズス会日本報告集』……『イ日報』

　『邦訳日葡辞書』……『邦訳日葡』

◉従来、関ヶ原合戦関連の一般書籍や論考では、東軍、西軍という呼称が使用されている。しかし、東軍、西軍という呼称は、関ヶ原合戦当時は使用されていなかったことや、関ヶ原合戦は実際には、東国と西国の戦いではなかったなどの理由から、本書では東軍、西軍という呼称を使用せず、徳川家康に味方した諸大名の軍勢を「家康方軍勢」、反家康のスタンスに立つ諸大名の軍勢を、豊臣秀吉の後継者である豊臣秀頼を石田三成・毛利輝元など反家康の中心人物が推戴した、という意味で、「豊臣公儀軍」「豊臣公儀の軍勢」「石田三成・毛利輝元方軍勢」などという呼称で使用する。

◉本書では、五奉行の一人である前田玄以のことを「徳善院玄以」と表記する。その理由として、当時の一次史料には「前田玄以」という記載事例がなく、大坂三奉行などの連署状では「徳善院玄以」と本人が署名しているからである。この点については、すでに伊藤真昭『京都の寺社と豊臣政権』において、「史料では民部卿法印《みんぶきょうほういん》玄以、徳善院玄以であり、前田玄以とは出てこない」と指摘されている。

●次の史料の出典もしくは出典元は以下の通り。

【史料10】（慶長四年）閏三月七日付鶴田善右衛門・久池井弥五左宛鍋島直茂書状……『佐賀県史料集成』古文書編七巻、六八号文書

【史料11】（慶長四年）閏三月九日付鍋島信房・石井生札・鍋島生三宛鍋島勝茂書状……『佐賀県史料集成』古文書編一一巻、一四一号文書

【史料12】（慶長四年）閏三月九日付大谷吉継書状……『大阪城天守閣紀要』四二号

【史料25】（慶長五年）八月二十九日付黒河内長三宛保科正光書状写……「保科御事歴」『新編信濃史料叢書』二巻

【史料26】（慶長五年）八月二十九日付松沢喜右衛門尉・丸山半右衛門尉・吉川織部佑宛保科正光書状写……「保科御事歴」『新編信濃史料叢書』二巻

【史料27】（慶長五年）七月二十一日付黒田如水宛加藤清正書状……『加藤清正』

【史料28】（慶長五年）九月十日付宍甘四郎左衛門他九名宛宇喜多秀家書状写……『久世町史』資料編一巻

【史料29】（慶長五年）九月十二日付増田長盛宛石田三成書状写……『徳川家康文書の研究』中巻

【史料30】（慶長五年）九月二十五日付井伊直政宛結城秀康書状写……『井伊直政文書集』

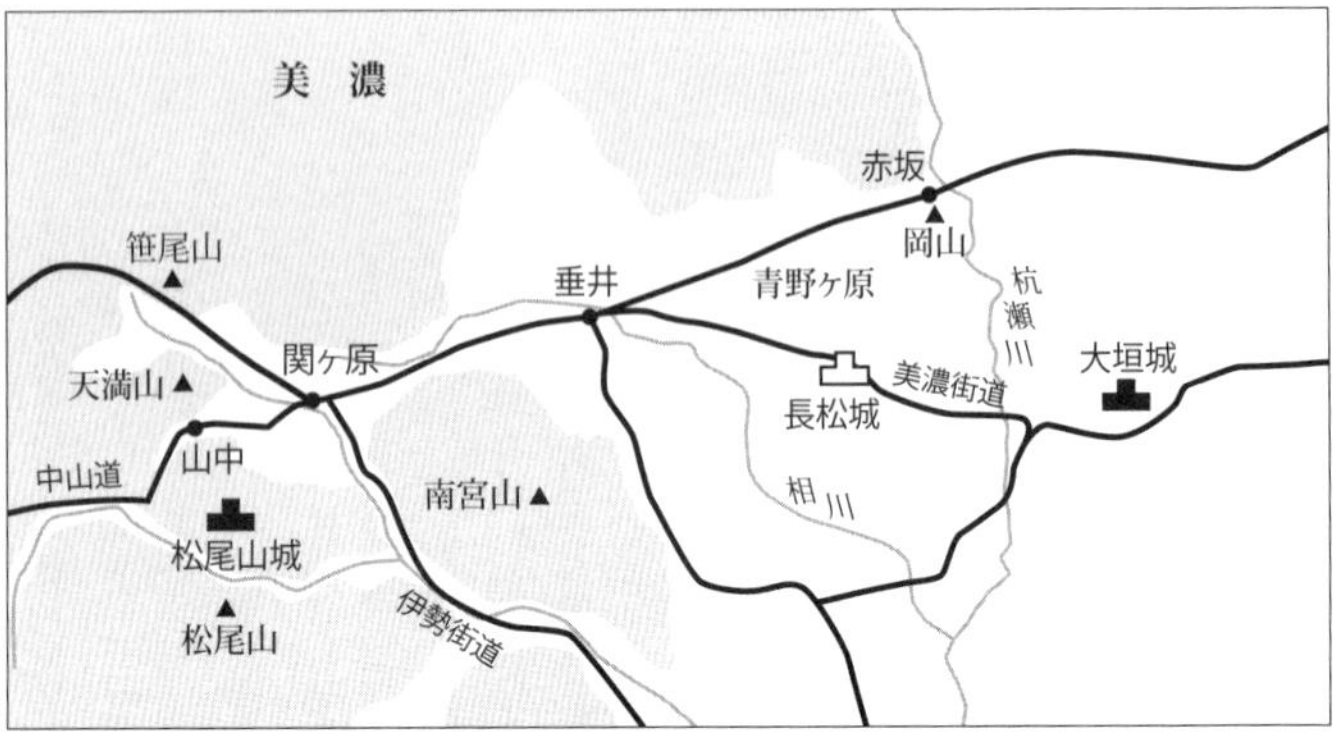
美　濃
赤坂
岡山
笹尾山
垂井
青野ヶ原
杭瀬川
大垣城
関ヶ原
天満山
美濃街道
長松城
山中
中山道
南宮山
相川
松尾山城
伊勢街道
松尾山

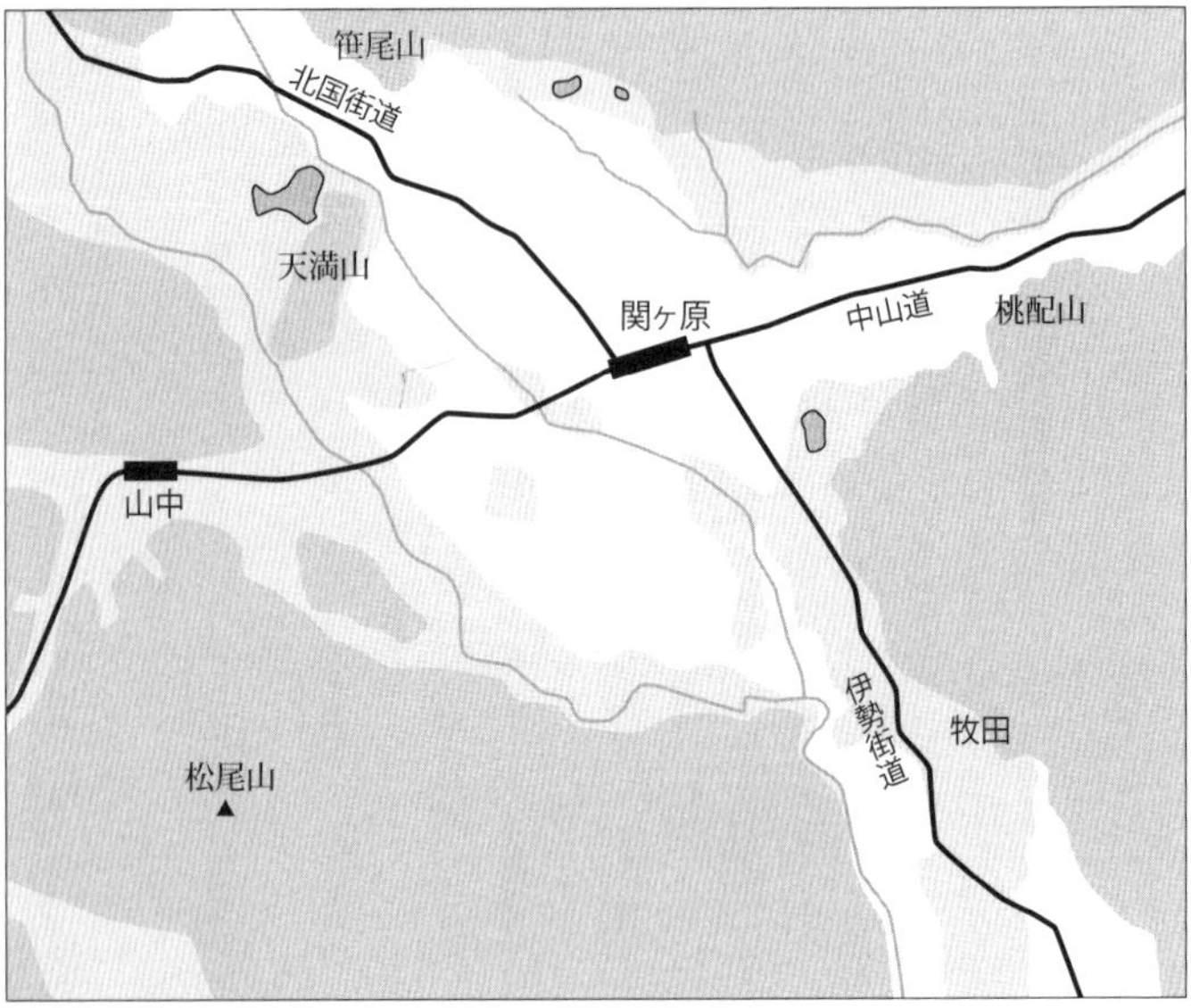
笹尾山
北国街道
天満山
関ヶ原
中山道
桃配山
山中
伊勢街道
牧田
松尾山

関ヶ原合戦関連図

プロローグ――関ヶ原合戦をどのようにとらえるか

家康レジェンドに包まれた関ヶ原のストーリー

慶長《けいちょう》五年（一六〇〇）の関ヶ原《せきがはら》合戦について、これまでの通説では、

○関ヶ原合戦の前段階として、反徳川家康《とくがわいえやす》方の大坂三奉行が、慶長五年（一六〇〇）七月に出した「内府《だいふ》ちかひの条々」（家康に対する弾劾状《だんがいじょう》）は大した政治的効果を持たず、単なる挙兵宣言程度の効果しかなかった

○石田三成などの反家康方勢力が実施した政治的、軍事的手段は終始、後手《ごて》にまわり、家康は常に何事も先の先まで見通していたので、無駄な悪あがきに終わってしまった

○九月十五日の関ヶ原合戦（本戦）では、激戦の最中《さなか》、家康の神懸《かみが》かり的判断力によって、

小早川秀秋《こばやかわひであき》の陣営に鉄砲を撃ち掛ける策（いわゆる「問鉄炮《といでっぽう》」の話）が見事にあたり、当日正午頃まで優勢だった石田三成方軍勢が総崩れになり劇的な敗北に終わった

○このように家康は常に主導権を握っており、神君《しんくん》家康に逆らった無能な毛利輝元《もうりてるもと》、石田三成などの反家康の挙兵は最初から勝算がない、むなしい挙兵（神君家康に盾突く愚《おろ》か者の暴挙）であった

などが有名な話として広く周知されてきた。

これらの話は、常に家康目線で語られてきたものであり、家康が主人公のいわば〝家康レジェンド（家康にとって都合のよい、でき過ぎた話のオンパレード）〟と言っても過言ではない。レジェンドに包まれた家康にとって、関ヶ原合戦は最初から、勝って当然のとても低いハードルでしかなかった、という受け取り方が一般的になされてきた。

また、崇高な政治目的を持って邁進《まいしん》し、天下を取ることが最初から約束されていた徳川家康vs.悪辣《あくらつ》で人望がなく、利己的で私欲に満ちた石田三成という対照的な対立軸も、これまでおなじみの構図として描かれてきた。

こうした通説のストーリー展開は、そのルーツをたどると、江戸時代の軍記物によって捏《ねっ》造《ぞう》された、感動的とも言える数々の架空のストーリーに基づいている。そのような架空のス

トーリーをふんだんに盛り込んだ、フィクションとしての関ヶ原合戦の歴史像（虚像）が、江戸時代に作り上げられたのである。その意味では、関ヶ原合戦の実像（実態）からかけ離れた内容の〝関ヶ原文学〟とでもいうべき一大ジャンルがこの時代に創出され、一般に広く流布した、ということになる。なお、誤解のないように申し添えると、文学作品を創出することが悪いと言っているわけではない。文学作品の内容と、実際の歴史事象における実態を混同してはいけない、と言っているのである。

その後、明治時代になって参謀本部が編纂した『日本戦史　関原役（本編）』（明治《めいじ》二十六年〔一八九三〕刊行）では、そうした江戸時代の軍記物などの編纂史料（二次史料）をもとに、関ヶ原合戦の過程が記述された（以下「旧説《きゅうせつ》」と略称する）。『日本戦史　関原役（本編）』の関ヶ原合戦（本戦）の記述において、いわゆる家康による「問鉄炮」の話が記されているのは、その典型例である。

旧説は、昭和の時代に入っても、一般向けの歴史雑誌や歴史関係の書籍などで、何の疑問を挟まれることもなく、金科《きんか》玉条《ぎょくじょう》のように繰り返し再生産されてきたため、そうした間違った旧説が一般層に深く浸透し、広く信じ込まれてきた。

こういった経緯を冷静に考えてみれば、歴史的課題を同時代史料（一次史料）の検討に基づき、考察・立論するという、最も基本的な歴史学の方法論が欠落したまま、近年まで経過

徳川家康像（名古屋市博物館蔵）

してきたことがわかる。

つまり、現代に生きる我々は、江戸時代の軍記物が作った関ヶ原合戦のイメージ（いわば、都市伝説としての関ヶ原合戦像）にあまりにも引きずられており、いったんゼロベースで考え直すということが、喫緊の課題となっているのである。一次史料による史料的根拠のない話が通説に化けた、という意味では、「嘘も一〇〇回言えば、真実になる」という類いのレベルであり、一次史料の検討をせず（一次史料を無視して）、江戸時代の軍記物の内容をそのまま現代語訳して満足してきた、というのがこれまでの状況であった。そのため、あまりにも虚像が先行し過ぎている、という危惧がある。

我々は、関ヶ原合戦の結果とその後の政治状況を知っているので、当時の歴史像を家康中心で組み立てて考えようとするが、実際には家康が政治的に追い詰められ、すさまじい権力闘争が展開し、その結果は見通せていなかったことが『十六・七世紀イエズス会日本報告集』を読むとよくわかる。同報告集には、家康に対して、日本史上まれにみる政治謀略が仕組まれた、という意味のことが記されている（この点については、本書の第二、第三章を参照されたい）。その意味では、豊臣公儀から排除（放逐）された家康の前途は、決して明るいものではなかったのである。

近年では、これまでの通説に対する見直しが始められ、ようやく一次史料によって関ヶ原合戦を再検討しようという動きが出てきたが、こうした動きはまだ、途についたばかりである。

筆者は、前著『新解釈 関ヶ原合戦の真実』を二〇一四年に刊行して、関ヶ原合戦に関する旧説を批判し、いろいろな論点について新説を提示したが、その後、各方面から大きな反響を得ることができたことには感謝している。

しかし、筆者の関ヶ原合戦に関する考察は、前著一冊の刊行で終わったわけではなく、その後も筆者の勤務先（別府大学）の紀要である『別府大学紀要』『別府大学大学院紀要』や別府大学史学研究会の『史学論叢』に、多くの論文や研究ノートを発表してきた（これらの論考は、別府大学機関リポジトリによりインターネットで閲覧できる）。

本書は、前著刊行後、関ヶ原合戦について、新たな視点・論点を提示し、それらをまとめたものであるが、江戸時代における関ヶ原合戦に関する扱いがどのようになっていたのか、という点について、少し触れておきたい。

関ヶ原合戦は徳川家康の勝利に終わり、家康が江戸幕府の創設者となった。その点を考慮すると、江戸幕府の統治下における関ヶ原合戦の位置づけとは、家康による家康のための戦いであり、すべてが家康目線で語られるものであった。そういう意味で、家康に対して批判的な視点から、この合戦を検討することができなかったのは、当然であった。

明治二十五年（一八九二）に『関原合戦図志』を刊行した神谷道一《かみやみちかず》が、同書の緒言において「幕府ノ世ニ在リテハ人皆忌諱《きい》ニ觸レンコトヲ恐レ實記アリト雖モ秘シテ世ニ示サズ、今ヤ皇政開明復囁嚅ノ憂ナク正ニ是レ直筆ニ記載シ得ルノ日ナリ」と記している点は注目される。

この記載は、「幕府の時代には、人は皆、幕府の忌諱に触れることを恐れて、（関ヶ原合戦に関する）実記があっても秘匿《ひとく》して世に示せなかった。しかし、「皇政開明」の時代（＝明治時代）であり、口をつぐむことなく、まさにありのままに書くことができる時代になった」という意味である。

つまり、明治時代になって、江戸時代のような幕府に対する憂慮がなくなり、関ヶ原合戦について、堂々と公明正大に書くことができるようになった、と要約できる。

神谷道一は、文政《ぶんせい》六年（一八二三）生まれで、明治元年（一八六八）の時点では四十五歳であったから、江戸時代のそうした状況を壮年の大人として体験したことになる。その意味では、関ヶ原合戦について語る場合、江戸時代後期から幕末においてもなお、幕府に対して、その「忌諱」に触れることを恐れる状況であったことがよくわかる、貴重な同時代人の証言である（『関原合戦図志』については、［白峰二〇一六］を参照されたい）。

このことは、江戸時代の軍記物などで、なぜ家康目線でしか関ヶ原合戦が描かれなかったのかを考えるうえで、重要なヒントになるだろう。

換言すれば、江戸時代の〝徳川史観《とくがわしかん》〟による関ヶ原合戦への規制された見方が、明治時代になって、ようやくその呪縛から解き放たれた、と見ることもできよう。

関ヶ原合戦に対しては、近年でも、江戸時代における〝徳川史観〟による視点の存在について疑義を持つ向きもあるようだが、上記の神谷道一による証言は、そうした疑義に対する明確な反証となり得るだろう。

慶長六年正月、大坂城での信じられない光景

関ヶ原合戦について、豊臣秀吉《とよとみのひでよし》の後継者である新たな天下人・豊臣秀頼《ひでより》を推戴《すいたい》する政治体制（豊臣公儀）の維持・発展を政治的に遂行しようとした石田三成・小西行長《こにしゆきなが》・安国寺恵《あんこくじえ》

瓊《けい》らと、豊臣公儀体制から政権を簒奪《さんだつ》しようとした徳川家康との政治闘争の延長上の戦いであると規定した場合、関ヶ原合戦が終わった翌年（慶長六年〔一六〇一〕）の秀頼を巡る状況から遡及《そきゅう》して検討することが、戦いの原因を考えるうえでヒントになる。

その意味で、次に提示する事例は、非常にリアルな政治状況を見せつけているという点で重要である。

慶長六年正月二十九日の大坂城における情景として、次のような記載がある。

（原文）

秀頼ノ御左座ニ中納言秀忠卿御後見、
秀頼へ馬太刀ニて礼申了、西丸ノ内府へ御礼、此時内府煩、中納言殿名代、中納言殿へと父子への礼馬太刀代二ツ、也、取次ハ三左衛門尉《池田》一人也、秀頼ニテコソ三左衛門尉ニテアルヘケレ、爰ニテハ本田《（ママ）》（多カ）・榊原・大久保ナトタルヘキ事也、

（現代語訳）

豊臣秀頼へ馬と太刀を献上して御礼の挨拶をしたが、秀頼の後見として、徳川秀忠《とくがわひでただ》が秀頼の左座にいた。大坂城西の丸にいた徳川家康へも御礼の挨拶をしようとしたが、家康

はこの時、煩い（病気）であったため、名代の秀忠へ父子への御礼として馬と太刀代を二つずつ献上した。この時の（家康・秀忠への）取次は池田《いけだ》輝政《てるまさ》一人であった。（近衛信《このえのぶ》尹《ただ》の感想として）池田輝政は秀頼への取次であるべきで、ここでは、（徳川家重臣の）本多正純《まさずみ》・榊原康政《さかきばらやすまさ》・大久保忠隣《ただちか》などが取次であるべきである。

（【史料1】『三藐院記』慶長六年正月二十九日条）

この記載は、公家の近衛信尹（『三藐院記《さんみゃくいんき》』の著者）が年頭の儀礼挨拶のため、京から大坂へ下向し、正月二十九日、大坂城へ登城して豊臣秀頼に拝謁した時の様子を記したものである。ここで注目されるのは、

①年頭の儀礼挨拶を受けた秀頼の左座に、後見として徳川秀忠が着座していたこと
②家康・秀忠への取次を徳川家の家臣でもない池田輝政が一人で務めていたこと

である。

①については、本来は家康が後見として秀頼の左座に着座すべきところを、家康の子である秀忠が着座していたことを示しており、家康が煩いと称して、自分の代理に秀忠を着座さ

せ、秀忠を秀頼の後見役として広く周知させようとした意図がうかがえる。

②については、家康・秀忠への取次を、徳川家の家臣でもない池田輝政が務めたことについて、徳川家重臣クラスが取次をすべきであると、近衛信尹ははっきりと批判している。輝政が家康・秀忠への取次を務めたのは、彼が家康の女婿であったからかもしれないが、信尹が本来、輝政は秀頼の取次をすべきである、としていることは、豊臣大名である輝政が一人で家康・秀忠への取次を務めたことが、それだけ異様な光景に見えたからであろう。

こうした情景、つまり、幼君・豊臣秀頼が徳川家康の掌中に取り込まれ（豊臣公儀が徳川家に乗っ取られ）、豊臣大名（この場合は池田輝政）が徳川家の臣下（取次）のようにふるまい、家康の支配下に組み込まれていく光景は、前年（慶長五年）九月の関ヶ原合戦に敗北し、その罪科により刑死した石田三成・小西行長・安国寺恵瓊が最も恐れ、危惧した状況であったはずである。

自分に対する反逆と書けない家康

現代に生きる我々は、関ヶ原合戦を経て大坂の陣により豊臣氏が滅亡する過程を知っているので、上記の『三藐院記』の記載内容を当然のように受け取るわけだが、この慶長六年正月の大坂城における異様な光景から遡《さかのぼ》って考えると、なぜ石田三成・小西行長・安国寺恵瓊などが反家康として挙兵したのかが見えてくると思われる。

その点こそが、どうして関ヶ原合戦（ひいては、関ヶ原合戦に至る一連の政治闘争・軍事抗争を含めて）がおこったのか、関ヶ原合戦の本質とは何だったのか、ということを考えるヒントになる。

なお、国家の最高レベルの政治闘争というのは、いつの時代でも、その本質は国政の主導権を奪取するための権力闘争であるわけで、ここで家康の一連の政治行動の是非（善悪）を論じるつもりはない。しかし、家康の恣意《しい》的な政治行動を命懸けで排除しようとした石田三成、小西行長らの試みが失敗し、結果的に幼君・豊臣秀頼が徳川家康の掌中にとりこまれ、やがて無残にも豊臣氏が滅亡した、というのが現実だった。歴史というのは時として、こうしたアイロニカルな結果を残すことになるのは、何もこの時代特有の現象ではなく、現代でも同じである。

前掲『三藐院記』の慶長六年正月三十日条には「去秋逆乱」という記載がみえる。「去秋」とは、前年の慶長五年（一六〇〇）の秋という意味であり、この場合、旧暦の秋であるから、七～九月に該当する。七月は大坂三奉行（増田長盛《ましたながもり》・長束正家《なつかまさいえ》・徳善院玄以《とくぜんいんげんい》）が「内府ちかひの条々」を出して家康を弾劾し、反家康の挙兵がなされた月であり、九月は関ヶ原合戦がおこなわれた月であるから、反家康の武力闘争の開始と終焉という意味では、「去秋」という記載は時期を正確に表わしている。

「逆乱」とは、『日葡《にっぽ》辞書』（土井忠生・森田武・長南実編訳『邦訳日葡辞書』。以下、『邦訳日葡』と略称する）によれば「げきらん」と読み、「（逆に乱るる）大混乱、または、反乱」という意味である。

上述のように、「去秋逆乱」という記載は、前掲『三藐院記』の慶長六年正月三十日条に載っていることから、すでに前年の関ヶ原合戦の結末を知ったうえで書いているので、「逆乱（＝反乱）」という書き方になっているのである。

それと比較して、関ヶ原合戦の一ヶ月以上前の八月一日の時点で、家康は脇坂安元《わきさかやすもと》宛書状（「（慶長五年）八月朔日付脇坂安元宛徳川家康書状」、中村孝也『徳川家康文書の研究』中巻）に「上方忩劇」と書いている。「忩劇」とは『日葡辞書』（『邦訳日葡』）によれば「そうげき」と読み、「（さわぎ、乱る）混乱」という意味である。この点を考慮すると、「上方忩劇」とは、上方での政治状況（つまり国政）が混乱している、という意味になる。

このように、家康自身が八月一日の時点では、自分に対する反逆と記していない点は興味深い。もし、八月一日の時点で、家康自身がその後の戦局の流れを十分読み切っていて、自分が完全に勝利することがわかっていれば、自分に対する反逆と書いたであろう。しかし、上述のように「上方忩劇」という表現にとどめたことは、家康自身にとって、その後の戦局の展開に十分な自信がなかったことの表われと言えよう。

統一国家成立のための戦争

関ヶ原合戦を考えるためには、この戦いだけでなく、中近世移行期における戦争のあり方をマクロにとらえる必要がある。織豊期の諸問題の研究で著名な藤田達生氏は、次のような指摘（以下「藤田説」として記載する。なお、引用にあたっては、そのままでは意味が通りにくいので、補足のため、筆者が部分的に手を加えている）をしている〔藤田二〇〇六〕。

本能寺の変（天正十年〔一五八二〕六月二日）によって、織田信長《おだのぶなが》の家臣団が分裂してのち、戦争は新たな段階を迎えることになり、主だった大名が二大陣営に結集し、その首将が天下人の座を競う大規模戦争の段階へと突入した。

その大規模戦争を、中世における戦争の最終段階と規定して、「天下分け目の戦い」と呼び、その第一段階を小牧《こまき》・長久手《ながくて》の戦い、第二段階を関ヶ原の戦いと位置づける。

これらは、いずれも統一国家成立のための戦争であったが、次のような共通した特徴がある。

Ⅰ　両軍の首将がめざしたのは、天下人としての実権の掌握であったこと。
Ⅱ　直接関係のない大名・領主も、どちらかの陣営に属することを強制されたこと。
Ⅲ　主戦（大会戦）ばかりか全国的規模で局地戦がおこなわれ、長期に及んだこと。
Ⅳ　戦後も国家秩序確立のために、戦争が続行されたこと。

上記Ⅰについては、小牧・長久手の戦いは、信長の後継者を決する最終戦であり、関ヶ原の戦いは豊臣体制の継続か徳川政権の成立かをめぐって争われた。「天下分け目の戦い」は、政権が安定していない限り、天下人が亡くなれば繰り返し発生する。

上記Ⅱについては、小牧・長久手の戦いには、旧織田大名ばかりではなく、北は関東から南は中国・四国までの戦国大名や一揆勢力が巻き込まれた。関ヶ原の戦いは、直接・間接を問わず、全国的規模で大名を動員することになった。この両戦争においては、参戦しないと敵方与同と見なされた。

上記Ⅲについては、いずれの戦争においても、主戦と局地戦のあり方が相互規定的であり、高度な情報戦であった。小牧・長久手の戦いでは、織田信雄《のぶかつ》・徳川家康陣営は、長宗《ちょうそ》我部《かべ》元親《もとちか》・佐々《さつさ》成政《なりまさ》・北条氏政、和泉・紀伊の一揆勢力などと連携しつつ広大な秀吉包囲網を形成して、約十ヶ月間にわたって戦争を遂行した。関ヶ原の戦いは、慶長五年（一六〇〇）九月十五日に美濃国関ヶ原で大会戦がおこなわれたが、その前後の約半年間、北は出羽から南は薩摩に及ぶ全国的規模で局地戦が繰り広げられた。

上記Ⅳについては、秀吉が「征伐」と称する諸大名に対する侵略戦を繰り返し、家康が大坂の陣を強行した。「天下分け目の戦い」に勝利したことによって、秀吉は関白に家康は征夷大将軍に任官し、天下人としての実権を獲得したが、すべての大名を掌握したわけではなかったからである。

藤田氏による、以上の指摘（藤田説）は示唆に富むものであり、関ヶ原合戦の歴史的意義を考えるうえで、有益な視点を提示している。

つまり、中近世移行期における小牧・長久手合戦と関ヶ原合戦は、それまでの戦国大名レベルの所領の境目をめぐる戦争（［藤田二〇〇四］）とは、次元が異なる戦争であり、上述した、中世における戦争の最終段階における大規模戦争＝「天下分け目の戦い」＝統一国家成立のための戦争という藤田氏の見解（藤田説）は注目される。

筆者（白峰）もかつて、天正十二年（一五八四）の小牧・長久手合戦について、戦域が小牧・長久手エリアに限定される局地戦ではなく、その他のエリア（尾張《おわり》西部・伊勢《いせ》）でも広範囲に両軍（羽柴《はしば》秀吉軍対織田信雄・徳川家康連合軍）の軍事衝突はおこなわれており、小牧・長久手合戦と呼称することは、この戦いの持つ政治的・軍事的重要性を矮小《わいしょう》化させてしまう危険があるため、「天正十二年の東海戦役」という名称を新たに提唱した［白峰二〇〇三］。

小牧・長久手合戦と関ヶ原合戦が、その後の統一国家成立を規定した、という上述の藤田氏の指摘（藤田説）は重要である。

上記の藤田説に立脚して、その視点から、関ヶ原合戦の歴史的意義を考えると、戦いの本質は、それまでの中世における戦国大名レベルの戦い（所領の境目をめぐる戦い）とは異なる大規模戦争であり、政治史的に見れば、その後の統一国家成立を規定した戦い、ということになる。

ただし、上記の藤田説にあるように、関ヶ原合戦以前に、小牧・長久手合戦が同様の大規模戦争としておこっているので、関ヶ原合戦が最初の大規模戦争（＝統一国家成立のための戦争）ではなかった、という点は注意しておきたい。

関ヶ原合戦が、統一国家成立のための戦争であった、という点（上記の藤田説）に関しては、石田三成の戦後構想からも明確に立証することができる。石田三成は戦後構想として、家康の領国である関東を制圧したのち、慶長五年（一六〇〇）暮から翌六年（一六〇一）春にかけて、関東の仕置《しおき》のため、西国諸将の軍勢を関東に遣わす予定であったことや、上杉景勝《うえすぎかげかつ》（会津若松《あいづわかまつ》城主）をもとの領国であった越後《えちご》国へ移封《いほう》し、現在の越後春日山《かすがやま》城主の堀秀治《ほりひではる》を上方《かみがた》の欠国《けっこく》に移封する、という構想を立てていたことを、三成が発給《はっきゅう》した書状内容から知ることができる［白峰二〇一二］。

このことは、石田三成が関ヶ原合戦について主導的役割を果たしただけでなく、戦後の新しい統一国家（豊臣公儀による新支配国家）のグランドプラン（＝新統一国家構想、新統一国家ビジョン）をデザインできる並外れた資質の政治家であったことを示している。

昨今では、関ヶ原合戦における石田三成の役割を過小評価する向きがあるが（［乃至・高橋二〇一八］）、上記の理由から筆者（白峰）とは、この点は見解が異なる。石田三成が安国寺恵瓊、小西行長とともに、反家康の首謀者の一人であったことについては、本書の第三章を参照されたい。

『戦争論』からの示唆

プロイセンの軍人（将校）であったカール・フォン・クラウゼヴィッツ（一七八〇〜一八

三一）の著書である『戦争論』（一八三二年刊行）は、「戦争というきわめて複雑な社会的・政治的現象を深く分析し、理論的に、かつ体系的に説明した偉大な古典である」（［川村二〇〇一］）と高く評価されている。

この『戦争論』（以下、クラウゼヴィッツ『戦争論（レクラム版）』より引用した）の中では、「戦争は、常に政治的事情から発生し、政治的動機によってのみ引き起こされる。したがって、戦争は、一つの政治的行為である」（第一編第一章二三項）、「戦争は政治的目的から発生するということを考えるならば（後略）」（第一編第一章二三項）、「戦争は、政治的行為であるばかりでなく、本来政策のための手段であり、政治的交渉の継続であり、他の手段をもってする政治的交渉の遂行である。（中略）政治的意図が目的であり、戦争はその手段にすぎないからである」（第一編第一章二四項）、「戦争は政治的交渉の一部に過ぎず、したがって独立した存在ではないという概念である」（第八編第六章）、「戦争は、政治的交渉から決して切り離すことはできない」（第八編第六章）としている。

これらの記載内容をまとめると、戦争＝「一つの政治的行為」＝「政治的行為」＝「政策のための手段」＝「政治的交渉の継続」＝「政治的交渉の一部」＝「他の手段をもってする政治的交渉の遂行」としている。このことは、戦争とは政治行為（政治遂行の手段）であるとともに、政治交渉の一パート（一部分）である、ということになる。その点を考慮すると、戦争＝「独立した存在ではないという概念」も納得できる。

この場合の政治交渉の相手とは、戦争をしている敵国（敵勢力）を指していることは自明なので、敵国（敵勢力）と武力行使を伴わない政治交渉が行き詰まった場合は、他の政治交渉の形である戦争という手段がとられる、ということになる。この点を考慮すると、上記の「戦争は、常に政治的事情から発生し、政治的動機によってのみ引き起こされる」とか「戦争は政治的目的から発生する」という指摘を整合的に理解できる。

『戦争論』において指摘された、上記の戦争についての概念規定を、関ヶ原合戦にあてはめて考えると、毛利輝元、石田三成などの反家康グループが、家康の恣意的な政治運営に対して、不満・鬱憤《うっぷん》を爆発させて弾劾（「内府ちかひの条々」）したことに端を発していることから、武力を伴わない政治交渉から戦争（＝上記の「他の手段をもってする政治的交渉」）という形に切り替わった、と見なすことができる。

『戦争論』では、「戦争とは、相手にわが意志を強要するために行う力の行使である」（第一編第一章二項）としている。このことを関ヶ原合戦にあてはめると、先に挙兵した毛利輝元、石田三成などの反家康グループが、標的にした「相手」は家康であったから、この戦争に勝利する以外に「わが意志を強要する」ことはできない段階に達していたことになる。換言すれば、関ヶ原合戦の最終目標の達成の有無は、家康を敗北に追い込み、「わが意志を強要する」ことができるかどうかにかかっていた。

『戦争論』では、さらに「重心」という概念を規定している。『戦争論』には「理論としては、戦争の当事者間の主要な関係に注目すべきであるとしか言い得ない。この主要な関係によって、すべてがこの点から発するような一つの重心、すなわち力と運動の中心が形成される。したがって、戦争においては、あらゆる力をもって敵の重心を打撃しなければならない」（第八編第六章）としている。

このことは、戦争において、敵の重心（＝力と運動の中心）を全力で打撃することの重要性を説いたものである。重心とは、具体的には「多数の小党派に分裂した国家の場合は、通常その重心は首都にある」（第八編第六章）としている。

このことを関ヶ原合戦にあてはめて考えると、上述したように、石田三成は戦後構想として、家康の領国である関東を制圧したのち、慶長五年（一六〇〇）暮から翌六年（一六〇一）春にかけて、関東の仕置のため、西国諸将の軍勢を関東に遣わす予定であったことがわかるので、三成は慶長五年（一六〇〇）暮までに家康の領国である関東を軍事的に制圧することを企図していたことになる。

三成が、敵である家康方軍勢の重心（＝関東の領国）を打撃して制圧することを企図したことは、上記の『戦争論』における「重心」打撃の概念に合致している。このように、二大老（毛利輝元・宇喜多《うきた》秀家《ひでいえ》）・四奉行（石田三成・増田長盛・長束正家・徳善院玄以）の中で、こうした戦争目標を明確に設定できたのが三成だけであったということは、三成が反家康グループの中核（中心人物）であったことを如実に示している。

また、戦史理解との関係について、『戦争論』では「第一に、戦争は、いかなる状況においても独立に存在するものではなく、常に政策のための手段と見なさなければならない。また、このように考えることによってのみ、すべての戦史と矛盾に陥らずに済む。この見解に立つ場合にのみ、膨大な戦史の書籍から道理に適った洞察を汲み取ることができる」（第一編第一章二七項）としている。つまり、戦争とは独立した事象ではなく、「常に政策のための手段」であるから、この視点から戦史を考察する必要がある、と指摘されている。

この指摘からすると、歴史上における戦争の性格を考えるうえで、常に政治の優位性を考慮しなければならない、ということになる。その点は関ヶ原合戦を考察するうえでも例外ではなく、戦いの経過だけを検討しても関ヶ原合戦の全体像が見えてこないのは明らかである。

第一章　豊臣七将襲撃事件はフィクションである

豊臣七将襲撃事件の従来のイメージ

豊臣七将襲撃《しちしょうしゅうげき》事件（慶長四年〔一五九九〕閏三月）は、関ヶ原合戦関係の本にはよく出てくる事例である。豊臣七将襲撃事件というネーミングは、「襲撃」「事件」という言葉から大変ショッキングなイメージを与えていると同時に、石田三成はどれほど他の部将から憎悪の対象だったのか、という悪いイメージを植え付けている点も加わり、テレビなどの歴史ドラマ的には格好の絵的材料を提供している。

豊臣七将襲撃事件の経過や背景については、紙幅の都合上、細かく述べることはできないので、先学の研究成果として、水野伍貴《ともき》「前田利家の死と石田三成襲撃事件」〔水野二〇一三〕を参照していただきたい。

なお、宮本義己《よしみ》「豊臣政権崩壊の謎」では、七将のメンバー構成について、『関原始末記』『徳川実紀』では、福島正則・池田照政（輝政）・黒田長政・加藤清正・細川忠興・浅野長慶（幸長）・加藤茂勝（嘉明）としているのに対して、『慶長年中卜斎記』では、福島正則・黒田長政・加藤清正・細川忠興・浅野長慶（幸長）・加藤茂勝（嘉明）・脇坂安治としているほか、「（慶長五年）閏三月五日付徳川家康書状」（『譜牒餘録』）の宛所は、福島正則・黒田長政・加藤清正・細川忠興・浅野長慶（幸長）・蜂須賀一茂（家政）・藤堂高虎としている点が指摘されている〔宮本二〇〇〇〕。この宮本氏の指摘にあるように、豊臣七将の具体的な名前については、史料によって異同がある。

豊臣七将襲撃事件の実態が本当に「襲撃事件」だったのか、という疑問についての答えはすでに、水野論文に次のように記されている。

> こうした当時の人物が記した記録から三成襲撃事件をみた場合、襲撃・暗殺計画といった性格ではなく、七将が家康に三成の制裁（切腹）を訴えたというものとなる。（中略）従って、この事件を「三成襲撃事件」と呼ぶのは不適切と思われるが、この呼称が浸透しているため、便宜上、この呼称で続けさせていただきたい。

水野論文では、このように「襲撃事件」という性格を明確に否定している。加えて水野論文では、『三河物語』の記載の検討から「七将の行動は三成に政治的責任を負わせて切腹を迫ったとするもので、暗殺・襲撃とは性格が異なるものとなっている」とも指摘されているほか、『義演准后日記《ぎえんじゅごうにっき》』閏三月十日条で「石田治部少《じぶのしょう》輔江州サヲ山ノ城へ隠居、大名十人トヤラン申合訴訟云々、内府異見云云」と記されていることも指摘されている。

当時の関係史料にみえる三成の動き

この問題をより深く検討するためには、当時の関係史料をさらに精査・検討する必要があるので、以下に関係史料を列挙する。

▼慶長四年三月廿九日条

一、（中略）一昨日ヨリ大坂ニ雑説有云〻、

一、大野伊兵衛尉大坂へ下向也トテイトマコイニ來了、雑説ニ付テ下也云〻、

▼慶長四年閏三月七日条

一、石田治卩少輔入道、去四日ニ大坂ヨリ伏見へ被行也云〻、今日も騒動了、

一、伏見雑説ニ付而京都騒動了、

▼慶長四年閏三月八日条

一、伏見雑説、大閤政所御アツカイニテ無事成也云〻、珎重〻〻、

▼慶長四年閏三月十日条
一、石田治卩少輔入道之事、無事ニテ早朝近江国佐保山へ隠遁也云ゝ、京・伏見方ゝ悦喜了、

▼慶長四年閏三月十三日条
一、伏見御城へ内府御移也云ゝ、

▼慶長四年閏三月十七日条
一、伏見へ冷同道發足了、次江戸内府へ罷向了、御城西ノマル也、則對顔了、

（【史料2】『言経卿記』）

＊慶長四年閏三月八日条では「太閤」ではなく、「大閤」と記されているが、これは誤記ではない。この点について、染谷光廣『秀吉の手紙を読む』では「当時の文書や日記には、すべて「大」で出てきます。『太閤記』のように、「太」の字を書くようになるのは、江戸時代に入ってからでしょうか。ですから、『豊大閤真蹟集』の書名も、「大」の字が書かれているわけで

す」と指摘されている。

▼慶長四年閏三月七日条
世上静謐、珎重、

▼慶長四年閏三月九日条
伏見申事、弥無昊儀云ヽ、

▼慶長四年閏三月十日条
石田治部少輔江州サヲ山ノ城へ隠居、大名十人トヤラン申合訴訟云ヽ、内府家康昊見云ヽ、

（【史料3】『義演准后日記』）

▼慶長四年閏三月九日条
石田治部少輔与七人大名衆、伏見申合在之、然共捄（ママ）内府家康ヨリ中尒（ママ）此事云ヽ、治部江州佐保山城江隠居、

（【史料4】『舜旧記』）

▼慶長四年閏三月廿四日条
伏見家康へ見廻罷越了、

▼慶長四年三月廿九日条
一、（中略）当坊飯後ゟ伏見へ罷下、青木紀州・御《（ママ）》□《（前カ）》主御三人へ見廻申、折共持参仕、
一、大谷形部少殿へも見廻申、折持参申、
一、今夜伏見一段さハき申、当坊も夜中帰、

▼慶長四年閏三月七日条
大坂・伏見以外さハき申、石治部殿を福嶋大夫殿・摂州なと其外大名衆御申合候て、はら御きらセ候ハん由風聞申、

▼慶長四年閏三月八日条
天気快晴、伏見へ罷越、各大名衆見廻申、大谷形部少殿ニて各御無事ノ様子承、

一、芸中納言殿見廻申、振舞有之、

▼慶長四年閏三月十日条
天気快晴、今朝石田治部少殿さほ山へ下、治少隠居也、隼人殿ニ家をゆつり被申候、熊半次・福原馬助なとハ高野へ御参由、風切《ママ》（説ヵ）申候、

▼慶長四年閏三月十六日条
伏見へ参、内府様へ一束・一本ニ而御見廻申、伏見御城へ御わたましノ御礼ニ参、

（【史料5】『北野社家日記』）

▼慶長四年閏三月十日条
石治部少輔江左へ隠居、

▼慶長四年閏三月十二日条
内府家康、伏見西ノ丸へ被移云〻、諸人大慶、

（【史料6】『三藐院記』）

（【史料7】『お湯殿の上の日記』）

▼慶長四年閏三月六日条

ふしみに御さうせつとものよしさたあり。

▼慶長四年閏三月朔日条

伏見物忩之由申候

▼慶長四年閏三月九日条

伏見、治部少輔・衛門尉・徳善院一所ニ取籠由候、乍去曖在之由候、

▼慶長四年閏三月十一日条

石田治部、佐保山へ家康子人質ニ取置候て城へハイリ候、先ゝ静ニ成候、

▼慶長四年閏三月十四日条

十三日午刻、家康伏見之本丸《（ママ）》（西の丸カ）へ被入由候、天下殿ニ被成候、目出候、

（【史料8】『多聞院日記』）

*上記の【史料2】～【史料8】の現代語訳については、〈表1〉を参照されたい。

三成の動きを時系列で追う

以上の関係史料（前掲【史料2】～【史料8】）について、現代語訳を筆者（白峰）がおこない、時系列にまとめたものが〈表1〉である。〈表1〉を見ると、

①慶長四年（一五九九）三月末から閏三月初旬に、大坂・伏見ですでに雑説があった
②石田三成が大坂から伏見に移ったのは閏三月四日であり、その後、伏見で諸大名との間で「中合」「訴訟」があった
③よって、三成は大坂で諸大名とトラブルがあったために、伏見へ移ったわけではなかった（三成は、敵対する諸大名を避けるために、大坂から伏見へ逃げて来たわけではない）
④〈表1〉の関係史料には、武力による三成への「襲撃」を示す文言はどこにもない
⑤〈表1〉の関係史料には、三成が大坂で武力による襲撃を受けたことは、どこにも書か

れていない

⑥三成が諸大名との間にトラブルがあった場所は、伏見であり、大坂ではない

⑦三成と諸大名との間におけるトラブルを示す〈表1〉の関係史料での表記は、「申合」「訴訟」であり、武力襲撃、武力闘争を意味しない

⑧三成と諸大名との間のトラブルは、〈表1〉における傍線ａ・ｂの第一段階（北政所《きたのまんどころ》が仲裁した）、傍線ｄ・ｆの第二段階（家康が解決に関与して三成の佐和山《さわやま》隠居で落着した）があった

⑨よって、傍線ａ・ｂと傍線ｄ・ｆは別々の出来事（騒動）であり（ただし、場所が伏見である点は共通している）、傍線ｄ・ｆは三成と敵対した大名の人数は異なり、史料に記載された日付も異なるが、同じ出来事（騒動）を指していると考えられる

⑩そして、傍線ｅは、傍線ｄ・ｆの騒動の過程でおこったものと考えられる（ただし、傍線ｅにおける「扱い（＝仲裁）」は、だれがおこなったのかは書かれておらず、家康がおこなったとも書かれていない）

⑪なお、傍線ｃは、上記の第一段階（傍線ａ・ｂ）に関わることなのか、あるいは、第二段階（傍線ｄ・ｆ）に関わることなのか、どちらの可能性も考えられる

⑫上記の三成と諸大名との間のトラブル（傍線ａ・ｂの第一段階、傍線ｄ・ｆの第二段階）

において、三成と敵対した大名がこうした騒動をおこした具体的理由については、〈表1〉の関係史料には記されていない
⑬上記の三成と諸大名との間のトラブル（傍線a・bの第一段階、傍線d・fの第二段階）において、三成と敵対した諸大名が家康に対して直接訴えた、とは〈表1〉の関係史料には記されていない（第二段階〔傍線d、f〕では結果的に家康が騒動の解決に関与しているが、家康に訴えたとは書かれていない）

石田三成像（東京大学史料編纂所所蔵模写）

という諸点がわかる。

以上の経過を考慮すると、通説では、前田利家死去の翌日である慶長四年（一五九九）閏三月四日（この日付について、一次史料による根拠はない）に、豊臣七将が三成を大坂で襲撃しようとしたが、三成はこの情報を知って、大坂から伏見に逃げ、伏見城内の自邸に籠《こも》った、とされてきたが、これは一次史料による根拠のない虚構（フィクション）であることがわかる。

〈表1〉慶長4年3月末～閏3月下旬における大坂・伏見の動向

月日	事項	出典
3月27日	この日より大坂で雑説がある	『言経卿記』
3月29日	雑説のため大野伊兵衛尉が大坂へ下向した	『言経卿記』
	北野天満宮の祠官・松梅院禅昌が伏見へ下り、大谷吉継を見舞った	『北野社家日記』
	今夜、伏見では一段と騒ぎがあった	『北野社家日記』
閏3月朔日	伏見では物騒とのことである	『多聞院日記』
閏3月4日	石田三成が大坂から伏見へ移った[注1]	『言経卿記』
閏3月6日	伏見で雑説があるという知らせがあった	『お湯殿の上の日記』
閏3月7日	伏見で雑説のため京都は騒動があった	『言経卿記』
	世上は静謐である	『義演准后日記』
	[a.] 大坂、伏見では以ての外の騒ぎがあった。福島正則、小西行長など、そのほか大名衆が申し合わせて、石田三成に腹を切らせようとした、という風聞があった[注2]	『北野社家日記』
閏3月8日	[b.] 伏見での雑説は、北政所の仲裁により「無事」になった	『言経卿記』
	北野天満宮の祠官・松梅院禅昌が伏見へ行き、各大名衆を見舞った。大谷吉継のところで各（大名衆）は「御無事」である様子を聞いた[注3]。毛利輝元のところへも見舞い、振る舞いがあった	『北野社家日記』
閏3月9日	[c.] 伏見での「申事」[注4]はいよいよ別条がない[注5]	『義演准后日記』

	d. 石田三成と7人の大名衆が伏見にて「申合」注6があった。しかし、家康から「中」に「此事」があった注7。（この結果）三成は江州佐和山城へ隠居した	『舜旧記』
	e. 伏見では、石田三成・増田長盛・徳善院玄以が「一所」にとじこもったが、扱い（＝仲裁）があったということである注8	『多聞院日記』
閏3月10日	石田三成は「無事」にて、早朝に近江国佐和山へ隠遁した。（このため）京・伏見では方々で喜んだ	『言経卿記』
	f. 石田三成は江州佐和山城へ隠居した。大名10人ということであるが、「申合」注9をして「訴訟」注10があった。（それに対して）家康が「異見」注11をした	『義演准后日記』
	今朝、石田三成が佐和山へ下った。三成は隠居して、（子の）重成に家を譲った。g. 熊谷直盛・福原長堯（直高）などは高野（山）へ行く、という風説がある	『北野社家日記』
閏3月11日	石田三成が近江佐和山へ隠居した	『三藐院記』
	h. 石田三成は、佐和山へ家康の子を人質に取り置いて城（佐和山城）へ入った。（このため）まずは静かになった	『多聞院日記』
閏3月12日	i. 家康が伏見城西の丸へ移った。（このことは）諸人にとって大慶である	『三藐院記』
閏3月13日	j. 家康が伏見城へ移った	『言経卿記』
	13日の午刻（真昼の12時頃）家康が伏見城本丸《ママ》（西の丸カ）へ入ったとの	『多聞院日記』

	ことである。（このため）家康は「天下殿」になられ、めでたいことである	
閏3月16日	北野天満宮の祠官・松梅院禅昌が伏見へ行き、家康の伏見城移徙《いし》の御礼のために家康を見舞った	『北野社家日記』
閏3月17日	山科言経が伏見へ行き、伏見城西の丸で家康に対面した	『言経卿記』
閏3月24日	梵舜が伏見（城）の家康へ見舞いに行った	『舜旧記』

注1：石田三成が大坂から伏見へ移った理由については記されていないので、その点は注意する必要がある

注2：小西行長は石田三成と近い立場にいたため、小西行長が三成に腹を切らせようとしたとは考え難いので、他の大名と取り違えている可能性が高い

注3：このことは、伏見での雑説に関して、当時伏見に所在していた諸大名へこれ以上の影響がないことを意味していると考えられる

注4：「申事」とは「申しあげること。申し立てること。言い立てること。また、そのことば。主張。言い分」という意味である（『日本国語大辞典（第二版）』、「申事・申言（もうしごと）」の項）。この場合は、後掲（注10）の「訴訟」と同じ意味で使われていると思われる

注5：このことは、伏見での「申事」が騒動としてこれ以上、発展しないという意味と考えられる

注6：「申合」とは「相談をして、とり決めること」という意味であるが（『日本国語大辞典（第二版）』、「申合（もうしあわせ）」の項）、この意味では文意が通らない。『時代別国語大辞典（室町時代編五）』によれば、「申合ふ（まうしあふ）」とは「言合ふ（いひあふ）」（＝ある事柄について、何人もの人がお互いどうしの間で口口に言う（『時代別国語大辞典（室町時代編一）』））の改まった言い方であるとしている。しかし、これでも意味が通らないので、「言合ふ（いひあふ）」の別の意味として、「互いに相手をののしったりして言い争う。口喧嘩する」（『時代別国語大辞典（室町時代編一）』）という意味があるので、この場合は、「申合」とは「言い争い。口喧嘩」という意味にとるべきと思われる

注7：「中」に「此事」があった、という記載の具体的な意味は不明である

注8：史料原文の「取籠」を自動詞（「こもる。引きこもる。とじこもる」、『日本国語大辞典（第二版）』、「取籠（とりこもる）」の項）と解釈するのか、あるいは、他動詞（「とりかこむ。包囲する」、『日本国語大辞典（第二版）』、「取籠（とりこめる）」の項）と解釈するのか、という点については、他動詞であれば、だれが包囲したのか、ということが書かれているはずであるが、それが書かれていないので自動詞と解釈した。なお、伏見における「一所」（＝一つの場所）が具体的にどの場所を指すのかは不明であり、伏見城とは記されていないので、この「一所」が伏見城内の石田三成の屋敷を指すとは特定できない

注9：「申合」とは「相談をして、とり決めること」という意味である（『日本国語大辞典（第二版）』、「申合（もうしあわせ）」の項）

注10：「訴訟」とは、「要求、不平、願いなどを人に伝えること。嘆願すること。うったえ」という意味である（『日本国語大辞典（第二版）』、「訴訟（そしょう）」の項）

注11：「異見」とは、「思うところを述べて、いさめること。忠告。説教。訓戒」という意味である（『日本国語大辞典（第二版）』、「意見・異見（いけん）」の項）

三成の佐和山隠居と家康の動向

このほか、〈表1〉からは、

⑭傍線eについては、これまでの通説では、石田三成が籠った場所は伏見城内の三成の屋敷であり、その理由は、豊臣七将の襲撃に対する軍事的抵抗と理解されてきたが、豊臣七将襲撃事件がフィクションであることを勘案したうえで、三成一人ではなく、増田長

盛・徳善院玄以（つまり、五奉行のうちの三人）も伏見における「一所（＝一つの場所）」に籠ったということからすると、籠った理由は、政治的な謹慎という意味にとらえられる（軍事的抵抗であれば、三成一人が籠ればよかったはずである）

⑮傍線gについては、熊谷直盛《くまがいなおもり》と福原長堯《ふくはらながたか》（直高《なおたか》）は朝鮮出兵では三成に近い立場の目付《めつけ》であり、この二人は閏三月十九日に朝鮮出兵時の「私曲《しきょく》」により改易にされているので（『史料綜覧』巻一三、慶長四年閏三月十九日条）、三成と敵対した大名の伏見での騒動には、この問題も一部は関係していたことを示している

⑯〈表1〉の関係史料では、三成は佐和山へ「隠居」あるいは「隠遁」したと記されているのみであり、公職をすべて剝奪《はくだつ》（奉行職の罷免《ひめん》・解任など）されたとは記されていない（単に、子の重成《しげなり》に家督を譲っただけであり、名目的な隠居であった可能性もある）

⑰よって、三成は中央政界から一時的に失脚したものの、問題の本質としては、佐和山に一時的に謹慎したにすぎないのであり、豊臣政権（豊臣公儀）の奉行職への復帰（政治的復権）の余地は十分残していたことになる（〈表1〉の関係史料には、三成は政治的失脚・軍事的敗北をしたとは書かれておらず、単に、家を息子に譲って「隠居」したと書かれているにすぎない）

⑱敷衍《ふえん》すれば、翌年（慶長五年〔一六〇〇〕）七月に、大坂三奉行（増田長盛・長束正家・徳

善院玄以）が「内府ちかひの条々」を出したあと、石田三成が奉行職にすぐ復帰できたことも、こうした事情を勘案すれば、整合的に理解できる（慶長四年〔一五九九〕閏三月に豊臣秀頼の命で石田三成が奉行職を罷免・解任されたのであれば、同五年（一六〇〇）七月に大坂三奉行〔増田長盛・長束正家・徳善院玄以〕が「内府ちかひの条々」を出したあとも、三成は奉行職には復帰できないはずであるが、実際には奉行職にすぐ復帰できたので、この時〔慶長四年閏三月〕三成は奉行職を罷免されていない、ということになる）

⑲傍線hでは、三成は佐和山城へ入る際に家康の子を人質にとった、としており、後掲の【史料9】では、家康が三成の子を人質にとったことがわかるので、家康と三成は互いに相手の子を人質にとったことになる（その意味では、三成と家康は対等の関係であったことになる）

⑳傍線jは、関ヶ原合戦関連の本や論考ではよく引用される『多聞院《たもんいん》日記』の中の有名な一節であるが、傍線i・kにあるように、家康が入ったのは伏見城西の丸であって、本丸ではない（『史料綜覧』巻一三、慶長四年閏三月十三日条でも、家康が移ったのは伏見城西の丸としている）

㉑よって、『多聞院日記』の著者である多聞院英俊《えいしゅん》は、伏見城本丸と誤認したため、家康が「天下殿」になったと評価したが、これは多聞院英俊の単純な事実誤認であるので、

家康が「天下殿」になったという多聞院英俊の評価（個人の感想）は事実誤認（多聞院英俊の一方的な思い込み）に基づく単なる誤解にすぎない（つまり、この家康が「天下殿」になったという評価は正しい評価ではなく、家康が「天下殿」になっていないというのが、正しい評価である）

㉒家康の伏見城入城の日については二説あるが（傍線iと傍線j）、三成の佐和山隠居のあとのことになるので、三成の佐和山隠居により、家康の伏見城入城が可能になった、と解釈することもできる

という諸点もわかる。

「襲撃」ではなく「訴訟」に負けた三成

以上のように、〈表1〉の関係史料の検討結果として、これまで通説で豊臣七将襲撃事件とされてきた事案は、武力による「襲撃事件」ではなく、「訴訟騒動」であったことがわかるが、次にその傍証となる一次史料を提示する。

次の史料は慶長四年（一五九九）の閏三月九日に徳川家康が福島正則・蜂須賀家政・浅野

長政に対して出した書状である。

（原文）

石田治部少輔、佐和山へ閉口ニ相定、明日可参候、子息昨晩我ら所へ被越候、猶井伊兵部少輔可申候、恐々勤言

後三月九日　　家康（花押）

清須侍従殿

蜂須加《ママ》（賀ヵ）阿波守殿

浅野弾正殿

（現代語訳）

石田三成は、佐和山（三成の居城）へ「閉口」することが決まり、明日（閏三月十日）佐和山へ行く予定である。三成の子息は昨晩（閏三月八日の晩）家康のところへ来た。なお（詳しいことは）井伊直政が申し述べる。恐々謹言。（後略）

（【史料9】『浅野家文書』、一一〇号文書）

中村孝也『徳川家康文書の研究』中巻によれば、この書状の解釈として「三成はその居城佐和山に閉口することに決定し、明十日出発する予定であり、その子重家が人質として既に昨八日の晩、伏見の徳川邸に来着した。（中略）「閉口」といふ言葉の用例は余り見当らないが、結果から言へば奉行としての公職を放棄し、世間から引退した形になったのである。（中略）十日三成は伏見を発して佐和山に帰った」としている。

この中で、中村氏は「「閉口」といふ言葉の用例は余り見当らないが」としているが、「閉口」の意味として、『日葡辞書』では「口を閉じること。また、比喩。論争に負けること、または、論争で言い詰められること」（『邦訳日葡』）、また、『時代別国語大辞典〈室町時代編五〉』では、「閉口（へいこう）」の意味として、「口を閉じること。また、比喩。口論で負けること、すなわち、終結させられること（日葡）」としており、同じく『日葡辞書』からの引用であるが、「論争」ではなく「口論」と訳している。

この「閉口」の比喩の意味からすると、石田三成は敵対する諸大名による訴訟に負けた、という意味にとらえることができ、三成が敵対する諸大名による武装襲撃（武力闘争）に敗北したという意味にはとれないことがわかる。

豊臣七将襲撃事件は一次史料に記載がない

次に「（慶長四年）閏三月七日付鶴田善右衛門・久池井弥五左宛鍋島直茂書状」（後掲の【史料10】）と「（慶長四年）閏三月九日付鍋島信房・石井生札・鍋島生三宛鍋島勝茂書状」（後掲の【史料11】）は、慶長四年（一五九九）閏三月当時の伏見（豊臣政権の所在地）での流動的な政局の状況を、具体的に知ることができる内容であるので、以下に検討する。なお、この文書の存在については、佐賀戦国研究会代表の深川直也氏より御教示をいただいた。記して感謝する次第である。

（原文）

幸便之條、一書令啓候、[a]生札帰国之後、相かハる儀無之候、[b]過半、内府様御存分之まゝ
ニ罷成躰候、[c]大納言殿、去四日御遠行候、[d]御息肥前殿、内府様別而被仰談候故、年寄衆
五人之内、是又、過半家康ニ被申入之由申候、[e]備前殿、中国まて相すミ、悦申儀候、[f]今
少、石治少、被仰事共候けに候、是も御無事ニ可成と存候、[g]其面普請彼是不可有油断事、
肝要候、[h]右之分ニ、未二三人も依不相済躰候、[i]たゝ今も弓・鑓取あハせ、走あひ候儀、

やミ不申候、かハる儀候ハヽ、早速可申越候、此書面喜清次殿へ懇ニ可被申候、恐ヽ謹言、

鍋加守
直茂（花押）

閏三月七日
鶴善右
久弥五左
御宿所

（現代語訳）

使者に書状を託すので申し遣わす。石井生札《いしいしょうさつ》が（佐賀へ）帰国したあと、（伏見では）変わったことはない。（政治状況として）おおかたは家康の考えの通りになっている状況である。前田利家（「大納言《だいなごん》殿」）が去る（閏三月）四日に死去した。（前田利家の）子息の前田利長（「肥前《ひぜん》殿」）は、家康と特に相談しているので、大老（「年寄衆」）五人のうち、過半は家康に対して（前田利長が五大老の一人になることを指すヵ）申し入れている、とのことである。宇喜多秀家（「備前《びぜん》殿」）については、「中国」（領国の備前国における〝宇喜多騒動〟を指すヵ）まで済み（問題が解決した、という意味ヵ）喜ばしい。石田三成に

ついては、少し訴訟があったようであるが、これも「御無事（平穏に解決されること）」になるだろう、と思う。国許《くにもと》における普請は油断しないことが肝要である。上記の石田三成に対する訴訟の関係で三成以外に、さらに二～三人がこのままでは済まない可能性（敵対する大名からの訴訟の対象になる可能性）がある。（伏見では）現在も弓・鑓《やり》を寄せ集めて、走ってきて出会うことをしていて、このことは止まらない状況である。（国許で）変わったことがあれば、早々に（鍋島直茂《なべしまなおしげ》の方へ）申し越すように。この書状の内容については、喜清次殿へ詳しく伝えてほしい。恐々謹言。（後略）

（【史料10】〔慶長四年〕閏三月七日付鶴田善右衛門・久池井弥五左宛鍋島直茂書状）

傍線aは、鍋島家家臣の石井生札が国許へ帰ったあと、変わったことがない旨を伝えている。

同年（慶長四年〔一五九九〕）三月五日の時点で、鍋島直茂と鍋島勝茂《かつしげ》は伏見にいたと考えられるので（「（慶長四年）三月五日付鶴田善右衛門・河原善九郎・久池井弥五左宛鍋島勝茂・鍋島直茂連署状」〔『佐賀県史料集成』古文書編七巻、六七号文書〕には、「京都無相易儀候」〔これは、徳川家康による私婚問題を指す〕と記されているが、この場合の「京都」とは伏見を指していると考えられる）、閏三月七日の時点でも伏見にいたと思われるため、変わったことがないというのは、伏見での政治状況において変わったことがない、という意味であろう。

傍線bは、おおかたは家康の考えの通りになっている状況としているので、これは慶長四年（一五九九）の閏三月七日の時点における、前田利家死去後の伏見での政治状況に関する記載であろう。

傍線cは、前田利家（「大納言殿」）が去る（閏三月）四日に死去した、としている。通説では前田利家が死去したのは閏三月三日としているので、この記載（閏三月四日死去説）は注目される。その意味では今後、前田利家の死去日について再検討が必要である（「尾下二〇一六a」では、前田利家が死去した日について、閏三月三日説と閏三月四日説の両方を示している）。

傍線dは、前田利家の子息である前田利長（「肥前殿」）は、家康と特に相談しているので、大老（「年寄衆」）五人のうち、過半は家康に対して（前田利長が五大老の一人になることをカ）申し入れている、とのことである、としている。

傍線bや傍線dの前半部分では「内府様」としているのに対して、傍線dの後半部分では「家康」としているのは、前者は鍋島直茂から見た家康に対する表記であるが、後者は他の大老（「年寄衆」）から見た家康に対する表記なので、こうした表記の違いが生じたと考えら

傍線eは、宇喜多秀家(「備前殿」)に関する記載であり、「中国まて相すミ、悦申儀」というのは宇喜多氏の家臣団内部での争いである、いわゆる"宇喜多騒動"が沈静化したことを指しているのであろうか。

傍線fは、石田三成について、少し「被仰事共」があったようであるが(傍線fにおける「けに候」の「げに」は、推量・伝聞を示す助動詞「げな」の連用形である)、これも「御無事」になるだろう、と思う、としている。

この「被仰事共」(この「被仰事共」の意味を考える場合、「被」を削除して「仰」を「申」に変えると「申事共」ということになる。「申事」とは「申しあげること。申し立てること。また、そのことば。主張。言い分」という意味である『日本国語大辞典(第二版)』)。この意味を考慮すると、この場合の「申事」とは、訴訟という意味であると考えられる。つまり、石田三成に敵対する大名が、三成に対して訴訟(武装襲撃事件ではない)をおこしたことを意味すると考えられる)とは、通説で豊臣七将が石田三成を襲撃したとされているいわゆる豊臣七将襲撃事件を指す(ただし、実際にはそのような武装襲撃事件はおきておらず、上述したように、単なる訴訟騒動であったが)と思われる。

しかし、傍線fの記載を見ると、石田三成に対する「被仰事共」は伏見でおきたと考えられ（上述のように、鍋島直茂と鍋島勝茂は伏見にいたと思われるので）、通説のように、大坂でおきたわけではないことがわかるほか、同じく通説のような豊臣七将による武装襲撃というような記載もまったくなく、しかも大したこともなく収束しそうである（傍線ｆの「是も御無事ニ可成と存候」）、としている。

この傍線ｆの記載からも、通説でいうところの豊臣七将襲撃事件が歴史的事実ではない、フィクションであることがわかる。

傍線ｇは、国許における普請《ふしん》の指示である。これは、国許の佐賀の居屋《いや》敷作事《しきさくじ》を指すと考えられる（『佐賀県史料集成』古文書編一一巻、一二八、一三六、一三九号文書）。

傍線ｈにおける「右之分」とは、傍線ｆの石田三成に対する「被仰事共」のことを指していると考えられ、その関係でさらに二〜三人が敵対する大名からの訴訟の対象になる可能性（このままでは済まない可能性）がある、としている。この二〜三人とは、〈表１〉の傍線ｅをもとに考えると、増田長盛と徳善院玄以を指している可能性もある。

傍線ｉは、現在も弓・鑓を寄せ集めて（「取合（とりあわせる）」とは、「あれこれ集める。寄せ集める。合計する」という意味である〔『日本国語大辞典（第二版）』〕）、走ってきて出会うこと（「走合（はしりあう）」とは「走って出あう。走ってきて出あう」という意味である〔『日本国語大辞典（第二版）』〕）をしていて、このことは止まらない状況である、としているが、これは伏見における騒動が閏三月七日の時点でも依然として続いていることを示している。傍線fにあるように、石田三成に対する「被仰事共」は収束する見通しではあったものの、伏見における騒動は、石田三成の佐和山への隠居（閏三月十日）までは続いたということであろう。

このように、この鍋島直茂書状は、慶長四年（一五九九）閏三月七日の時点における中央（伏見）での政治状況が詳しくわかる内容であるが、上述のように、通説でいうところの豊臣七将襲撃事件に該当するような武装襲撃事件に関する記載はまったくないことがわかり、その意味で重要である。

また、この鍋島直茂書状には、石田三成が政治的に失脚（奉行職の罷免・解任など）したとは書かれていないことも、当時の石田三成に関する政治状況を知るうえで重要である。

五大老・五奉行間の評議問題による三成の引責

なお、上記の【史料10】とは別に、「（慶長四年）閏三月九日付鍋島信房・石井生札・鍋島生三宛鍋島勝茂書状」がある。この書状には「大納言殿去四日御逝去候、石治少今すこし被仰事共候けに候、定而やかて御無事ニ可成と存事候、たゝ今も弓鑓取あわせ騒動之儀、大坂・ふしミ共ニやミ不申候躰候条、其元之儀も諸事不可有油断候」と記されていて、上記の【史料10】とほぼ同内容であるが、閏三月九日の時点で、騒動が伏見だけでなく、大坂でも継続していた、という点は異なっている。

（原文）

以上

急度用飛札候、[a]仍御奉行中・御年寄衆御間、御沙汰ニ付而、此比伏見・大坂さわかしく雑説申、[b]此五三日は石治少一人御迷惑之躰候つれ共、[c]是も昨日相済、當分ハ御静謐之儀ニ候、然は鉄炮之者可被差上由申下候へ□（共カ）、先以相控候様可然存候、委は加州ゟ被仰遣候、猶替儀候は追ゝ可申入候、恐惶謹言、

信濃守

後三月九日　清茂（花押）

豊州様

生札

生三　まいる

〔現代語訳〕
急いで飛札《ひさつ》（＝急ぎの書状）を用いて（申し遣わす）。御奉行中（＝五奉行）と御年寄衆（＝五大老）の間で評議があったため、この頃、伏見、大坂でさわがしく雑説があった。この数日は、石田三成一人が「御迷惑」という状況であったが、これも昨日（＝閏三月八日）に済み（解決したので）、当分は静かで落ち着くことになる。よって、鉄炮の者を（国許から上方へ）上らせるように申し下したが（伏見、大坂の状況が落ち着いたので）そのことは控えるのがよいと思う。（別途）鍋島直茂から申し遣わす。なお、変わったことがあれば追々申し入れる。恐惶謹言。（後略）

（【史料11】〔慶長四年〕閏三月九日付鍋島信房・石井生札・鍋島生三宛鍋島勝茂書状）

この書状は、鍋島勝茂が鍋島信房《のぶふさ》・石井生札・鍋島生三宛に閏三月九日付で出したものである。

傍線aは、この頃の伏見、大坂での雑説の原因が、五奉行と五大老の間における評議の問題に起因する、としている点は重要である。評議の問題が伏見、大坂での雑説の原因となったとしていることは、五奉行と五大老の間で評議に関してなんらかの確執が生じたと見なすことができる。その評議の具体的な内容は、上記の【史料11】には記されていないが、五大老の一人である前田利家の死去（閏三月四日）と関係しているのかも知れない。とすれば、前田利家の後任の大老に関する問題であろうか。

傍線bは、この数日、石田三成一人が「御迷惑」という状況であったとしているので、上述した五奉行と五大老間での評議の問題についての確執に関して、石田三成一人が責任を取らされる形になった、という意味であろう。ただし、石田三成一人が責任を取らされる形になった経緯は、上記の【史料11】には記されていない。

しかし、傍線cにあるように、この問題は昨日（閏三月八日）に解決した、としている。この点については、〈表1〉の傍線bで、閏三月八日に「伏見での雑説は、北政所の仲裁により「無事」になった」としている点と一致する。

このように、この鍋島勝茂書状は、慶長四年（一五九九）閏三月九日の時点における中央（伏見）での政治状況が詳しくわかる内容であり、通説でいうところの豊臣七将襲撃事件に該当するような武装襲撃事件に関する記載はまったくない。むしろ、問題の本質が、石田三成 vs. 豊臣七将という対立の構図ではなく、五大老と五奉行間での評議に起因する問題であり、石田三成一人がその責任を取らされる形になった、ということが明らかになった。

この問題は今後さらに検討する必要があるが、その本質は、五大老と五奉行間の評議問題に起因する高度の政治レベルの問題であって、豊臣七将クラスの石田三成に対する単純な憎悪感情などに起因する低レベルの問題でないことは明白である。

豊臣七将襲撃事件は「武装襲撃」事件ではない

以上の検討から（本章で検討した要点について、これまでの通説と比較して〈表2〉としてまとめた）、これまで通説で豊臣七将襲撃事件とされてきた事案も実際には「襲撃事件」ではなく、単なる「訴訟騒動」であったことがわかる。

そして、上記の鍋島家関係文書（【史料10】【史料11】）によれば、問題の本質は、前田利家死去（閏三月四日）後の伏見における政局の流動化の中で、五大老と五奉行間の評議問題に起因する高度の政治レベルの問題であることが明白になった。このことと、上記の「訴訟騒動」が具体的にどのようにリンクしているのか、という点の解明は今後の課題である。

なお、中村孝也『徳川家康文書の研究』中巻には、豊臣七将襲撃事件に関係する一次史料（文書）として、

A.（慶長四年）閏三月五日付浅野長慶（幸長）宛徳川家康書状写

B.（慶長四年）閏三月五日付長岡忠興他六名宛徳川家康書状写

〈表2〉「豊臣七将襲撃事件」についての通説と新説の比較

	通説	新説（白峰説）
事案の性格	襲撃事件	訴訟騒動
事案がおこった月日	慶長4年閏3月4日[注1] ＊前田利家死去の翌日（襲撃事件）	慶長4年閏3月7日～同月10日 （訴訟騒動は2段階に分けられる）
事案がおこった場所	大坂	伏見
石田三成の伏見への移動	襲撃事件があったのち大坂から伏見へ移動した（逃げた）	訴訟騒動がおこる前に大坂から伏見へ移動していた（逃げたのではない）
石田三成が籠った場所	伏見城内の石田三成の屋敷	伏見における「一所」が伏見城内の石田三成の屋敷とは、〈表1〉の関係史料からは特定できない
石田三成が籠った理由	豊臣七将の襲撃に対する軍事的抵抗	政治的謹慎（石田三成だけではなく、増田長盛・徳善院玄以〔つまり、三奉行〕も伏見における「一所」に籠った）
石田三成と敵対した諸将はだれに訴えたか	徳川家康	不明（〈表1〉の関係史料に記載なし）
事案がおこった理由	朝鮮出兵における蔚山籠城戦での戦後処理の不満	不明（〈表1〉の関係史料に記載なし）。ただし、蔚山籠城戦での戦後処理の不満も一部は関係していた
石田三成の失脚をどのように解釈するか	公職を剥奪されて政治的に失脚した	佐和山への一時的な謹慎であり、家督を子に譲った「隠居」にすぎない。奉行職の罷免・解任などということは、〈表1〉の関係史料に記されていない。よって、政治的復権の余地は十分残した

注1：この日付（閏3月4日）について、一次史料による根拠はない

C.（慶長四年）閏三月八日付藤堂高虎宛徳川家康書状写
D.（慶長四年）閏三月九日付福島正則・蜂須賀家政・浅野長政宛徳川家康書状

の四通の書状（書状写を含む）を提示している。

しかし、この四通には、石田三成を豊臣七将が武装襲撃したという記載はまったくない。

上記Aは、浅野幸長が人数を召し連れて「此方（＝伏見）」へ来ることを家康が了承した内容であるが、その目的（浅野幸長が人数を召し連れて伏見へ行く目的）と石田三成との関係についてはまったく記されていない。そして、浅野幸長が大坂から来るとも書かれていない。

上記Bは、家康が豊臣七将に対して出したものであるが、石田三成について触れた記載はない。「如仰此方江被罷越候」という記載があり、中村孝也『徳川家康文書の研究』中巻の解説では、「これは三成が伏見の自邸に来て居ることを暗示した文言であらう」としているが、これは単なる推測にすぎず、上記Bの文書において、石田三成と記されていない以上、だれが来たのかは不明である。

上記Cでは「爰元も静ニ候間」と記されており、「爰元（＝伏見）」は静かな状況であることがわかる。

上記Dは、本章で引用した前掲の【史料9】であり、石田三成が明日（＝閏三月十日）佐和山へ行くことと、三成の子（重家）が昨晩（＝閏三月八日の晩）に家康のところへ来たことを報じたものであり、三成に対する襲撃事件についてはまったく記されていない。

仮に、豊臣七将による石田三成に対する武装襲撃事件が、歴史的事実であるとすれば、上記の鍋島家関係文書（【史料10】【史料11】）には特筆されるはずであろう。しかし、上述した同時代史料である鍋島家関係文書（【史料10】【史料11】）には、豊臣七将による石田三成に対する武装襲撃事件に関する記載はまったくない。このことは、石田三成に対する武装襲撃事件がフィクションであることの証左となり得る。

以上の諸点を考慮すると、今後は「豊臣七将襲撃事件」というネーミングそのもの（この「訴訟騒動」で、石田三成と対立した諸大名の名前や人数の検証も含めて）を改める必要があるだろう。

なお、関ヶ原合戦関係の事柄（事案）では、後世の軍記物の影響から、やたら針小棒大《しんしょうぼうだい》にショッキングな演出やネーミングがされる傾向が強い。例えば、通説では慶長四年（一五九九）九月におきたとされる徳川家康暗殺未遂事件についても、一次史料による裏づけが取れるのかどうか検討が必要である。

具体的には、『北野社家日記《きたのしやけにっき》』第五（慶長四年九月十一日条）、『義演准后日記』第二（慶長四年九月十三日条）、『言経卿記《ときつねきょうき》』一〇（慶長四年九月十二日条、同月十三日条、同月十四日条）

には「大坂雑説」（あるいは「大坂雑切《ママ》（説カ）」、「大坂ニテ雑説」）の記載はあるが、家康の暗殺未遂というような記載は一切ない。こうしたことから、通説では当然視されている徳川家康暗殺未遂事件についても、今後その真偽を検証していく必要があろう。

《補論》大谷吉継書状の分析

慶長四年閏三月におきた、豊臣系諸将による石田三成に対する訴訟騒動（これまでの通説では「豊臣七将襲撃事件」とされてきたが、本章で検討したように、「豊臣七将襲撃事件」は歴史的事実とは考えられない）に関する新しい史料（大阪城天守閣所蔵「（慶長四年）閏三月九日付大谷吉継《おおたによしつぐ》書状（黒印状）」）が、二〇一八年三月発行の『大阪城天守閣紀要』四二号に紹介され掲載されたので、以下に引用して若干の考察を加えたい。

（原文）

以上

[a]昨日者度々御使、忝存知候、[b]今度者様々之御苦労故、無異儀相済申候て天下御静謐、上下之大慶不過之御事候、去とてハ[c]御尤之御曖共、併御心尽之段、可申上様無御座候、[d]最以参上申上度候へ共、御存知之躰候条、無其儀候、[e]何も面上之節、相積儀可得御意候、恐惶謹言

閏三月九日　　吉継（黒印）

＊この書状の宛所は欠損している。

（現代語訳）

昨日はたびたび使者を遣わしてもらい、かたじけなく思う。この度はさまざまな御苦労により、異儀なく済んで（問題が解決して）天下御静謐《ごせいひつ》になり、上下の大慶はこれに過ぎることはない。（この問題に関して）道理にかなった調停（仲裁）であったが、（あなたの）御心労についてては申し上げようもない。（あなたのところへ直接）参上して（思っていることを）申し上げたいが、ご存知の状態なのでそれはできない。（後日、あなたと）お会いした時に、積もる話をして御意を得たい。恐惶謹言。（後略）

（【史料12】〔慶長四年〕閏三月九日付大谷吉継書状）

この書状について、前掲『大阪城天守閣紀要』四二号の解説（宮本裕次氏が執筆）をまとめると、

①この書状は、「閏三月九日」という日付から慶長四年と断定できる。
②慶長四年閏三月の武断派諸将による石田三成襲撃事件について、その収拾の主導権を握った徳川家康（五大老筆頭）とは、この時点では大谷吉継は関係が良好であった。
③この書状では「このたびは種々ご苦労なされたことにより問題なく解決し、天下はしずまり、上下の喜びはこれに過ぎることがありません。まったく道理にかなった仲裁、それにしてもそのお心づくしは申し上げようもありません」と家康の裁定を支持し、最大級の賛辞を贈っている。
④この書状のあて名は失われているものの家康本人もしくは彼の側近とみて誤りないだろう。
⑤吉継は「すぐに参上して感謝を述べたいところですが、ご存知の通りの体なのでできません」と述べているが、これは彼が当時他人との対面をためらうような病気にかかっていたためである。

と指摘されている。

こうした指摘の検討については後述するが、まずはこの書状の内容について、以下に私見を述べたい。

吉継書状の宛所はだれなのか

傍線aからは、昨日（＝閏三月八日）には、この書状の宛所にあたる人物からたびたび使者が大谷吉継のところへ来たことがわかる。

傍線bは、この度のさまざまな「御苦労」のため（問題が）「異儀」なく済んだので、「天下御静謐」になり「上下之大慶」はこれにすぎることはない、としている。

傍線cは、（この問題に関して）道理にかなった調停（仲裁）であったが、（あなたの）御心労については申し上げるべきこともない、としている。

傍線dは、（大谷吉継がこの書状の宛所にあたる人物のところへ）参上して（思っていることを）申し上げたいが、ご存知の状態なのでそれはできない、としている。

傍線eは、（後日、大谷吉継がこの書状の宛所にあたる人物と）お会いした時に積もる話をして御意を得たい、としている。この場合、積る話をする、という意味からすると、今すぐ（この書状の宛所にあたる人物と）会うのではなく、一定の時間（期間）を置いたのちに会いたい、ということになる。

前掲『大阪城天守閣紀要』四二号の解説では、上記③では傍線b・cについて「家康の裁定を支持し、最大級の賛辞を贈っている」としているが、上述したように、この豊臣系諸将による石田三成に対する訴訟騒動（これまでの通説では「豊臣七将襲撃事件」）の仲裁を家康がおこなったことを記している一次史料はない。

さらに、前掲『大阪城天守閣紀要』四二号の解説では、上記③では傍線cの「御心尽」について、「そのお心づくし」として近現代の意味と同じにとらえているが、後述するように、傍線cにおける「御心尽」の当時の意味は近現代における意味とは異なるので、この書状の内容は、この問題の仲裁について礼を述べている内容ではない。

また、傍線eは、家康に対しての書状の文面であれば、書札礼《しょさつれい》（書状の形式・文言などに関する礼式〔『大辞林（第三版）』〕）として少し薄礼《はくれい》であるように思える。傍線eは、大谷吉継が親しい同輩に対して書いている文面のように思われる。

上述のように、『言経卿記』慶長四年閏三月八日条には、「伏見雑説」が「大閤政所（＝北政所）」の「御アツカイ（＝仲裁）」により「無事」になった、と記されている。

よって、この問題の仲裁について、大谷吉継が礼を述べる内容であれば、宛所《あてどころ》は北政所であることになる。しかし、繰り返すように、傍線ｃにおける「御心尽」の当時の意味は、近現代における意味とは異なるので、この書状の内容は、この問題の仲裁について礼を述べている内容ではない。よって、前掲『大阪城天守閣紀要』四二号の解説について、上記③の「家康の裁定を支持し、最大級の賛辞を贈っている」という解釈には、再検討が必要である。

しかも、北政所による仲裁は、上述した『言経卿記』慶長四年閏三月八日条の記載からすると、閏三月八日の時点で終わっているので、宛所が北政所であったならば、この大谷吉継書状の日付は閏三月八日付になるはずであろう。また、傍線ｅは、北政所に対しての書状の文面であれば、やはり書札礼として少し薄礼であるように思える。

このように、この大谷吉継書状の宛所として想定できる可能性がある徳川家康と北政所を、上述した理由で宛所の想定から除外すると、宛所として可能性が高い人物はだれになるだろうか。

私見では、この大谷吉継書状の宛所は、この問題（豊臣系諸将による石田三成に対する訴訟騒動）の当時者である石田三成であると考えている。

「御心尽」の意味を考える

大谷吉継書状の宛所が石田三成であると考定したうえで、改めて書状の内容を検討すると、

❶傍線aは、大谷吉継に対して、一日のうちでたびたび使者を遣わすことができる親密な関係にあったことを示している（この条件に石田三成は合致する。この問題に関する周旋《しゅうせん》の依頼、あるいは、相談のための使者派遣であろう）

❷傍線bにおける「御苦労」は、問題の当事者である石田三成の苦労（心労）を指し、その慰労をしている

❸傍線bにおける「天下御静謐、上下之大慶不過之御事候」というのは、石田三成の処分が佐和山隠居という程度の処分で済んだことを喜んで「天下御静謐、上下之大慶」と記している

❹傍線cは、道理にかなった調停（仲裁）であったが、石田三成の御心労については申し上げるべきこともない、と慰労している

❺傍線dにおける「御存知之躰」というのは、石田三成の佐和山隠居が決定したことを指しているので、そのために大谷吉継は行きたいのだが、石田三成のもとへ参上できない、としている

❻傍線eは、（後日）石田三成と会った時に積る話をしたい、としている

などの点が指摘できる。

上記❹については、傍線cの「御心尽」の意味の解釈がポイントである。『日本国語大辞典（第二版）』には「心尽（こころづくし）」について「（一）物思いの限りを尽くすこと。いろいろと気をもむこと。心労」と「（二）相手のために心をこめてすること。また、そうする気持」という二つの意味が掲載されている。

このうち（二）の意味は、近現代において使用する意味であり、その用例も、幸田露伴《こうだろはん》『不安』（一九〇〇）、森鷗外《もりおうがい》『阿部一族』（一九一三）、島崎藤村《しまざきとうそん》『夜明け前』（一九三二～三五）のように近代の文学作品から用例が引用されている。

それに対して、（一）の意味の用例は、『古今和歌集』（九〇五～九一四）、『大和物語』（九四七～九五七頃）、『源氏物語』（一〇〇一～一四頃）、『増鏡』（一三六八～七六頃）、『日葡辞書』（一六〇三～〇四）などであり、前近代における意味である。

例えば、大野晋・佐竹昭広・前田金五郎編『岩波古語辞典（机上版）』には「心尽し（こころづくし）」の意味について「（物思いに）心をすり減らすこと。心労すること」としており、前掲『日本国語大辞典（第二版）』における（二）の意味は記されていない。このように古語としての「心尽」には、近現代において使用する意味はないことが明らかである。また、『日葡辞書』では「ココロヅクシ（心尽し）」の意味として「心配、心を悩まし苦しめること、などの意」としているので、『日葡辞書』が刊行された慶長八年（一六〇三）当時は、前掲『日本国語大辞典（第二版）』における（一）の意味しかなかったことがわかる。

よって、傍線cの「御心尽」の意味は、「御心労」という意味が正しいのであり、傍線cは、この問題の当事者である石田三成の心労を慰労している、というのが正しい解釈になる。つまり、傍線cの「御心尽」は、傍線bの「御苦労」と同じ意味であり、同じ人物（＝宛所の人物＝石田三成）に対して同じことを述べて慰労している、ということになる。

このように、傍線cにおける「御心尽」の解釈から、大谷吉継書状が、この問題を仲裁した人物に対しての礼状でないことは明白である。

上記⑤について、前掲『大阪城天守閣紀要』四二号の解説では、「吉継は「すぐに参上して感謝を述べたいところですが、ご存知の通りの体なのでできません」と述べているが、これは彼が当時他人との対面をためらうような病気にかかっていたためである」と指摘されている。

この指摘は、傍線dにおける「御存知之躰」の「躰」を「からだ」と解釈して、大谷吉継の健康状態の不調（＝病気）と理解しているため、こうした解釈になるのである。しかし、この解釈では、傍線eの「何も面上之節、相積儀可得御意候（＝会った時に積もる話をしたい）」という記載内容と矛盾することになってしまう。

よって、傍線dにおける「御存知之躰」の「躰」は「てい（＝様子）」と解釈して、「（石田三成が）御存知の状況なので」と理解すべきである。このことは、具体的には、石田三成の佐和山隠居が決定したので（石田三成が佐和山へ行ったのは閏三月一〇日なので、この書状の日付である閏三月九日の時点では、まだ三成は佐和山へ行っていない）、そういう状況では、大谷吉継が三成に会いたくてもすぐには会えない、と述べているのである。

ちなみに、閏三月八日に北野天満宮の祠官《しかん》・松梅院禅昌《しょうばいいんぜんしょう》は伏見へ行き、各大名衆を見舞った際に、大谷吉継のところへも行き、そこで各（大名衆）は「御無事」である様子を聞いているので（『北野社家日記』、慶長四年閏三月八日条）、翌日の閏三月九日の時点でも、大谷吉継は伏見に所在していたと考えられる。

とすれば、傍線dにあるように、大谷吉継が石田三成のところへ参上できる距離にいたという点を勘案すると、閏三月九日の時点では、石田三成も伏見にいたと考えられる。

上記❺と上記❻は、一見すると、内容的に矛盾しているように見えるが、上記❺は上述したように、今すぐには会えない、という意味であり、上記❻は、一定の期間を経て後日、石田三成と会った時に積もる話をしたい、という意味に理解すべきであろう。そのように理解すれば、上記❺と上記❻は、内容的に矛盾していないことになる。

そして、上記❻の解釈に立てば、石田三成の佐和山隠居は一時的な謹慎であって、将来的には政治的復権の余地を十分残したものと、大谷吉継は理解していたことになる。

上述したように、この大谷吉継書状の宛所は欠損している。この書状の写真（前掲『大阪城天守閣紀要』四二号に掲載）を見ると、宛所が記されている箇所を書状の上から下まで直線状（縦方向）に切断したように見える。

このように宛所の部分が切断された理由を推測すると、江戸時代の徳川幕府の治政下、石田三成は関ヶ原の戦いで神君家康に敵対した張本人と認識され忌避《きひ》された結果、江戸時代、この書状の所蔵者（具体的にだれが所蔵していたのかは不明）が所蔵しているうえで都合が悪くなったため、この書状の宛所の箇所のみを切断して所蔵していた、と推測することは可能であろう（この書状の宛所が徳川家康であったとすれば、宛所を切断する理由はなかったはずである）。

《付記1》

第一章の補足考察として、拙稿「慶長四年閏三月の反石田三成訴訟騒動に関連する毛利輝元書状（「厚狭毛利家文書」）の解釈について」（『別府大学大学院紀要』二一号、別府大学会、二〇一九年）があるので、そちらも参照されたい。

《付記2》

『慶長軍記』（寛文三年〔一六六三〕成立。筆者は植木悦《うえきえつ》〔伊勢久居藩士〕）には豊臣七将として、加藤清正・細川忠興・浅野幸長・福島正則・黒田長政・加藤嘉明・池田輝政の名前が出ている。「小山評定」や「問鉄炮」など、現在通説として知られているドラマチックな「関ヶ原説話」は『慶長軍記』によって定着し流布していった、と指摘されている〔井上・湯浅二〇一九〕。よって、豊臣七将襲撃事件も、関ヶ原の戦いから約六〇年後に成立した『慶長軍記』によって創作されたフィクション（軍記物が作り上げた架空のドラマチックなストーリー）であると考えられる。

第二章　関ヶ原前夜
——イエズス会宣教師の透徹した政治分析

これまでの関ヶ原合戦に関する研究史では、関ヶ原合戦に至る政治状況と関ヶ原合戦当日の実戦の状況については、日本国内の史料（日本側の史料）により検討されてきたが、イエズス会宣教師が当該期の日本国内の政治状況、布教・禁教の状況などを報じたイエズス会総長宛の日本年報、日本年報補遺などをまとめた『十六・七世紀イエズス会日本報告集』には、関ヶ原合戦に至る政治状況と関ヶ原合戦当日の実戦の状況などが詳しく記されている。

この記載の中には、日本側の史料には見られない記載も多く含まれているので、本章では『イ日報』の記載内容の検討をもとに、関ヶ原合戦に至る政治状況を考察し、次章では関ヶ原の戦い当日の実戦の状況について考察する。

なお、関ヶ原合戦については、拙著『新解釈　関ヶ原合戦の真実』において主戦場は関ヶ原（美濃）〔現岐阜県不破郡関ケ原町関ケ原〕ではなく山中《やまなか》（美濃）〔現岐阜県不破郡関ケ原町山中〕であることを明らかにしたが、『イ日報』はそうした区別を前提に記されていないので、本章と次章では、便宜上、関ヶ原合戦、関ヶ原の戦場などという記載で統一して論述を進める。

＊本章と次章で検討対象とした松田毅一監訳『イ日報』は、Ⅰ期一巻〈天正十六（一五八八）〜同二十年（一五九二）〉、Ⅰ期二巻〈文禄三（一五九四）〜慶長元年（一五九六）〉、Ⅰ期三巻〈慶

長二（一五九七）～同六年（一六〇一）〉、Ⅰ期四巻〈慶長六（一六〇一）～同九年（一六〇四）〉、Ⅰ期五巻〈慶長十（一六〇五）～同十二年（一六〇七）〉、Ⅱ期一巻〈慶長十（一六〇五）～同十七年（一六一二）〉、Ⅱ期二巻〈慶長十八（一六一三）～元和四年（一六一八）〉である。本章と次章において『イ日報』から引用した場合は、『イ日報』の各巻について、例えば、Ⅰ期一巻であれば「Ⅰ―一」のように記載した。『イ日報』の凡例によれば、〔　〕内はテキストにある補足語、（　）内は訳者の補足語、または注に入れるべき短文である。

秀吉死去後の秀頼後継体制――慶長三年

関ヶ原合戦に至る政治状況の起点になったのは、慶長三年（一五九八）八月十八日の豊臣秀吉の死去であったことは周知であるが、秀吉が死去に際して、後継者である秀頼の処遇を託した経緯について、「一五九八年度日本年報」（『イ日報』）には次のように記されている。

そして太閤様は、自分（亡き）後、[a]六歳になる息子（秀頼）を王国の後継者として残す（方法）について考えを纏めあげた。（中略）（徳川）家康だけが、日本の政権を簒奪《さんだつ》しようと思えば、それができる人物であることに思いを致し、この大名（家康）に非常な好意を示して、自分と固い契りを結ばせようと決心して、彼が忠節を誓約せずにはおれぬようにした。

すなわち太閤様は、居並ぶ重立った諸侯の前で、その大名（家康）を傍らに召して、次のように語った。「予は死んでゆくが、しょせん死は避けられぬことゆえ、これを辛いとは思わぬ。（中略）予は息子とともに日本全土の統治を今や貴殿の掌中に委ねることにするが、貴殿は、予の息子が統治の任に堪える年齢に達したならば、かならずやその政権を息子に返してくれるものと期待している。（中略）」と。

（【史料13】『イ日報』Ⅰ―三）

このように、秀吉は自分の死去後の秀頼後継体制（傍線a）を確実なものとするため、最大の政敵であった徳川家康を豊臣政権内に封じ込める意図で「日本全土の統治」をいったん家康に託すものの、秀頼が国政を統治できる年齢に達した時には、政権を家康から秀頼に返すように、と諸大名の前で述べたのである（傍線b）。

秀吉のこの申し出に対して、家康は「王子（秀頼）への主権（の委譲）が安泰たるよう、その後見人として励もうと決心しておりましたが、（今や）殿は、国王（秀頼）御身、ならびに国家の命運をも拙者の忠誠に委ねられ、（中略）今後は万難を排し、あらゆる障害を取り除き、もって殿の御要望なり御命令を達成いたす覚悟であります」（『イ日報』Ⅰ―三）と答えた。

この家康の返答は、秀吉の申し出を全面的に受け入れるものであり、「王子」であり「国王」である秀頼に対して、やがて主権（政権）を委譲することを誓った内容になっている。秀頼への政権委譲に関して尽力すべき点については、諸大名の場合も同様であり、「また列座の他の諸侯も皆同様に服従と忠誠の誓詞を差し出すことを要求され、彼らは太閤様の嗣子に対しては、嗣子が成人した後には、その政権を掌握できるように尽力することを、また家康に対しては、その間尊敬と恭順の意を表することを誓った」（『イ日報』Ⅰ―三）と記されている。

つまり、家康にしても、その他の諸大名にしても、「国王」である秀頼が成人したのちには、秀頼が政権を掌握することを所与の前提として規定されていたことになる。そして、「太閤様はその後、四奉行に五番目の奉行として浅野弾正《だんじょう》を加え、一同の筆頭とした。次いで太閤様は、奉行一同が家康を目上に仰ぐよう、また主君（秀頼）が時至れば日本の国王に就任できるよう配慮すべきこと、すべての大名や廷臣を現職に留め、自分が公布した法令を何ら変革することなきようにと命じた」（『イ日報』Ⅰ―三）と記されているので、秀吉は、秀頼後継体制への布石として、それまでの四奉行に浅野長政を加えて五奉行の筆頭とし、五奉行が家康を目上にして、しかるべき時期になれば、秀頼が「日本の国王」に就任できるように命じたことがわかる。

このように、秀吉死去の時点では、家康、諸大名、五奉行は、やがて秀頼が「日本の国王」に就任する、という将来的政権スキーム（枠組み）の中に束縛されていたのである。

石田三成と浅野長政の対立――慶長四年

秀吉の死去の翌年である慶長四年（一五九九）には、政権内部で石田三成と浅野長政の対立がおこった。

石田三成と浅野長政はいずれも五奉行の一人であり、上述のように、秀吉が自分の死去間近に、それまでの四奉行に浅野長政を加えて五奉行の筆頭としたという経緯があった。慶長四年（一五九九）の政権内部での石田三成と浅野長政の対立について、「一五九九年度日本年報」（『イ日報』）には次のように記されている。

諸事情の大きな交替はまったく目まぐるしくなっている。なぜなら共同で統治している[a]（十名の）人々の間での固い一致というのは滅多にないからである。そのため、（石田）治部少輔（三成）と浅野弾正（長政）は〔彼らはこの時にあたって互いに外見上の友情を温めていた〕、ついに心に隠していた憎悪を爆発させた。同様に朝鮮で戦役を指揮していた重立った諸武将たちの間でも、朝鮮軍と和平を締結することについて、および軍勢を日本国へ引き揚げることについて、皆が同意見ではなかったために不和が生じた。そのため国外で疎外と心の離反が起こったことは国内では驚くばかり（「に」脱ヵ）増大した。

[b]朝鮮において（小西）アゴスチイノ（行長）に従っていた人々は、新たな盟約によって（石田）治部少輔（三成）と同盟した。これに対して他の派についていた人々は、浅野弾正（長政）の側に合流した。そのため貴人や重立った人々は多くの激しい抗争によって分裂し、互いに新たな敵意を燃え立たせるのであった。（小西）アゴスチイノ（行長）の側には（石田）治部少輔（三成）と、彼自身のすべての家臣や友人たち、有馬と大村の国主たちとその家臣と友人たち、薩摩の王（島津義弘）、柳河殿と筑後の他の諸侯であり、彼らの中には我らの味方（小早川）藤四郎（秀包）殿、それに長崎奉行で他の地の領主である寺沢（広高）殿が挙げられる。これらの人々の敵側は、大いなる権勢をもっており、浅野弾正（長政）殿、（加藤）主計《カズエ》（清正）殿〔彼の所領は、肥後の国の半分を占めており、（小西）アゴスチイノの所領と境界を接し、浅野弾正は小西アゴスチイノと

大いに不仲である〕、（黒田）甲斐守（長政）、豊前の国の国主（黒田孝高）、c.市正《イチノカミ》（片桐且元?）、それに肥前の国主鍋島（勝茂）がいた。そのためこの両派は、もはや憎しみを隠さず互いに反目していた。そして彼らは都《ミヤコ》〔ここに国主たちの居所がある〕に到着すると、互いに批判を開始し、それに諸々の罪のなすり合いをし、そのうえ浅野弾正（長政）派は、全力を注いで自分の敵側の者を打倒しようと努めた。d.そして（徳川）家康その他の大名たちは、皆が敵対心を捨てて固い友情が結ばれるように何も試みないわけではなかったが、（小西）アゴスチイノ（行長）に有利に奉行所から宣告が下される以前には、彼らは何も推進させることはできなかった。しかし浅野弾正派の人々はそれで黙るべきではないと判断し、自分の意見の方へ他の重立った者、および特に主君の側にいるのを常としていた人たちを引き入れるに至ったので、ついに日本国のすべてが内乱に燃え立ち始め、これによって日本国の変革が恐れられていた。

（【史料14】『イ日報』Ⅰ―三）

こうした石田三成派と浅野長政派の両派の対立の経緯を見ると、当初、石田三成と浅野長政は、表面上は友好関係（「外見上の友情」）を保っていたが、「憎悪を爆発」させて激しい対立状態になったことがわかる（傍線a）。石田三成と浅野長政が「憎悪を爆発」させた理由や時期については具体的に記されていないが、両者ともに、五奉行の中では実力者であったことが、その要因の一つと推測できる。

両者については、「日本国の統治者である（石田）治部少輔（三成）と浅野弾正（長政）（彼らは十名（の統治者）の中にあり、身分の高い者である）が、同僚たち一同の一致した意見に基づいて朝鮮戦役を終結させ、軍勢を日本国へ帰還させるために都から下《シモ》へ到着した時、（後略）」（『イ日報』Ｉ―三）と記されていて、「日本国の統治者」である石田三成と浅野長政は十人（五大老、五奉行）の中でも「身分の高い者」であって、朝鮮半島から諸将を帰国させるため、ともに九州へ来たことがわかる。

上述のように、浅野長政は、秀吉の死去の間際に秀吉の命により、それまでの四奉行に加えられて五奉行の筆頭となったが、それ以前は秀次事件に連座して慶長元年（一五九六）五月に失脚していたので（『イ日報』Ｉ―二）、政治的には今回復権したが、それまでは空白期間があったことになる。浅野長政が復権するまでの期間に四奉行の中心となっていたのが石田三成であったので、その点では、復権して五奉行の筆頭になった浅野長政と、それまで四奉行の中心であった石田三成との間に政治的確執ができたとしても不思議ではなかった。

二人の対立は両派の派閥抗争に発展

五奉行の有力者である石田三成と浅野長政の対立について、両派（傍線b）の構成は、石田三成派は、小西行長、有馬《ありま》晴信《はるのぶ》、大村喜前《おおむらよしあき》、島津義弘《しまづよしひろ》、立花宗茂《むねしげ》、小早川秀包《こばやかわひでかね》、筑後《ちくご》国内のその他の諸大名（高橋直次《たかはしなおつぐ》、筑紫広門《つくしひろかど》カ）、寺沢広高《てらさわひろたか》であり、浅野長政派は、加藤清正《かとうきよまさ》、黒田《くろだ》長政《ながまさ》、黒田《くろだ》孝高《よしたか》、市正《いちのかみ》（片桐且元カ）、鍋島勝茂であった。

ただし、この中で、黒田孝高と市正（片桐且元カ）は、次に述べるように、毛利《もうり》吉成《よしなり》（豊前国小倉城主）に訂正した方がよいだろう。

傍線cの「市正《イチノカミ》」について、谷徹也「秀吉死後の豊臣政権」では、この箇所の記載について「イチノカミを「市正」として片桐且元のことと推測しているが、「イキノカミ」すなわち毛利壱岐守の誤りであろう」と指摘されている［谷二〇一四］。この谷氏の見解に従うと、傍線cの「市正《イチノカミ》」は片桐且元ではなく、毛利吉成（壱岐守）ということになる。

とすると、「豊前の国の国主（黒田孝高）、市正《イチノカミ》（片桐且元?）」という記載箇所において、訳者が補足した（黒田孝高）と（片桐且元?）を削除して訂正すれば、「豊前の国の国主、壱岐守（毛利吉成）」というのが正しいことになる。

石田三成派は、小西行長が有力なキリシタン大名であり、有馬晴信、大村喜前、小早川秀包もキリシタン大名であったことや、文禄《ぶんろく》の役では、有馬晴信、大村喜前は小西行長（一番隊）の指揮下にあったことも、同じ派になった要因として考えられる。

石田三成は、小西行長の「特別の親友」（『イ日報』I―三）であったことから、石田三成派は、石田三成・小西行長派と言い換えてもよいであろう。小西行長は、寺沢広高と「親しくしていた」（『イ日報』I―三）ことから、この時点では、寺沢広高は同じ派になったと思われる。ただし、のちに寺沢広高は家康に近い立場になり、石田三成派からは離れることになる。のち、寺沢広高について「奉行たち〔石田三成など〕との成功した（ママ）〔勝利したカ〕戦さ〔関ヶ原合戦〕では、内府様側〔家康側〕に味方した」（『イ日報』I―四）と記されている。

浅野長政派については、浅野長政が石田三成派の中心人物である小西行長と「大いに不仲」（『イ日報』I―三）であったことも、敵対する要因の一つであったと考えられる。また、加藤清正は小西行長の「不倶戴天の敵」（『イ日報』I―一）であったことから、浅野長政派に入っていたと考えられる。鍋島勝茂が浅野長政派に入っている点については、文禄の役で鍋島直茂が加藤清正（二番隊）の指揮下にあったので、そのことが鍋島直茂の嫡子《ちゃくし》勝茂が加藤清正と同じ浅野長政派になった要因と思われる。

その後、両派の反目・対立はさらにエスカレートし、「内乱」（『イ日報』I―三）が危惧されるまでになったが、この両派の対立に家康は関与しておらず、両派の調停をある程度試みようとしていた点は注目される（傍線ｄ）。

つまり、慶長四年（一五九九）の権力闘争の発端は、豊臣政権中枢における五奉行の内部での有力者同士（石田三成と浅野長政）の過激な対立が始まりであった、ということになり、この点（石田三成と浅野長政の対立）は、日本側の史料には記載されていないので重要である。なお、石田三成と浅野長政の対立がおこった時点では、外様的立場の家康は関与していなかったという点は注意すべきである。

家康を公然と非難する三成——慶長四年

しかし、その後は、石田三成が家康を公然と非難する局面があらわれた。前掲【史料14】の次の記載には以下のように記されている。

（石田）治部少輔（三成）は（徳川）家康に対して公然と反対を唱え始め、次のように非難を浴びせた。国家の統治にあたってひどく権力を我がものにしており、また天下の支配権を獲得する魂胆の明白な兆候を示していると。[a] そこで、（石田）治部少輔は武器を取り他の統治者たちの意見に従って、使者たちを（徳川）家康のもとへ遣わし、予のことで何が気に入らぬのかと公然と詰問させた。（徳川）家康はすべての点について穏やかに弁明し、己が行為についてなしえた非常に立派な諸理由を述べた。しかし彼は無防備のまま対面することはせず、己が諸国から三万の軍勢を召集し、これによって敵方の力に対してなしえた最大の兵力をもって固めた。

（【史料15】『イ日報』Ⅰ―三）

石田三成の家康に対する非難の主張は、「国家の統治にあたってひどく権力を我がものにして」いることと、「天下の支配権を獲得する魂胆の明白な兆候」を示していることであった（傍線a）。つまり、五大老の一人である家康が、国家統治にあたって権力を私物化し、天下取りに対する明白な兆しが見えると非難したのである。

こうした非難を、石田三成が公然とおこなうことができた点からは、慶長四年（一五九九）のこの時点では、家康と石田三成が対等の関係にあったことがわかるとともに、この時点で、家康が石田三成の対立軸として出てくることに注意したい。また、この時点では、家康を除く四大老・五奉行（「他の統治者たち」）は、石田三成のサイドに立っている点（傍線b）に注意したい。

そのほか、家康の領国からの最大動員兵力数が三万という点は（傍線c）、翌年の関ヶ原合戦における家康の領国からの動員可能な兵力数を考慮するうえで、重要である。
石田三成が公然と家康を非難し、使者を派遣して詰問したことについては、通説では慶長四年（一五九九）正月十九日に石田三成ら五奉行が、家康を除く前田利家ら四大老と諮《はか》って使者を派遣し、私的婚姻を詰問したことが該当する（『史料綜覧』巻一三）。

三成の失脚とその経緯

その後、石田三成は政治的に失脚することになるが（その経緯に関して、日本側史料の検討については、本書の第一章を参照）、そうした経緯について、「一五九九年度日本年報」（『イ日報』）には、次のように記されている。

時が経つにつれて、[a]（石田）治部少輔のもとを離れた軍勢や武将たちの数の増大によって家康は強大になり、[b]勝利者のように、こう言うようになった。（石田）治部少輔が故国の礼儀に従って切腹をしない限り、その他の方法によって日本国が平穏になることはできぬ、と。（中略）

c. ついに家康は、太閤様の息子である主君（秀頼）が住んでいた大坂城を占拠した。しかも彼は、このことを心中の意図によって非常に狡猾にやってしまい、そのため奇襲攻撃を受けた援軍に来ていた敵方には防衛の余裕を与えなかった。d.（大坂）城から遠くない邸にいて、六千の武装した軍勢に護られながら夜を過ごしていた（石田）治部少輔は、この思いもかけぬ不幸を阻止することができなかった。d.（石田）治部少輔はこの窮地に追い込まれると、同僚の統治者たちの権力下にあった伏見の城へ赴いた。（小西）アゴスチイノは、以前受けた太閤様の恩義を裏切らぬように彼の後について行くことに決めた。なぜなら（小西アゴスチイノ）は、そのために死を覚悟せねばならぬとしても、汚名の印しなしに己が友（石田）治部少輔のもとを去ることはできまいと判断したからである。e.とりわけこの派は、太閤様が制定した統治の秩序が、取り繕われた所として存続するために活動していると考えられていたからである。しかし、家康は、伏見の城への出発を遅らせるべきではないと考えた。彼は軍勢を率いてそこへ到着すると、諸侯の勧めを入れて次の条件で兵力を撤退させることを約束した。f.すなわち（石田）治部少輔は、これまで帯びていた官職を捨てた身分に落とされ、今後は国家統治の任を離れ、己がすべての軍勢とともに自領である近江の国にずっと引き籠っているように、と。（中略）g.それゆえその後彼はしきりに（小西）アゴスチイノと親交を結び、大いに好情を示した。

（中略）

これによって日本国の政情は非常に平和になったが、（石田）治部少輔の敵方は、沈黙しておれなかった。彼らはこの者（石田治部少輔）が最高の栄誉の位階を追放されたことでは満足せず、のみならずこの男自身に対する災難、h.それどころか殺害が仕組まれることさえ恐れなかった。（中略）確かに日本国にいる人たちの誰一人として、この当時貴人諸侯の反目が鎮圧されようとは、いかようにもその可能性を考えている者はなかった。他方諸侯の心の中には憎悪が包含されたままであった。なぜなら（日本）国の統治において、i.家康の同僚であった四大老は、家康自身が日本国全土の支配を手に収めて国家の相続権を自らのもとに留めておきはしないかと、このことを極力警戒したからである。

（【史料16】『イ日報』Ｉ—三）

その後、石田三成派の大名の数が減少した一方で、家康の権勢は強大になり（傍線ａ）、前掲【史料15】の傍線ａの記載にあった当時（慶長四年〔一五九九〕正月）のような、家康と石田三成の対等な関係は成立しなくなっていた。こうした状況を背景にして家康は、「日本国が平穏」になるためには、石田三成が切腹をする必要があると述べた（傍線ｂ）。

傍線cは、家康の大坂城入城に関する記載であり、この記載の時系列では、石田三成の失脚（慶長四年閏三月十日〔本書の第一章を参照〕）以前のことになっている。しかし、通説では、家康の大坂城西の丸入城は慶長四年（一五九九）九月二十八日（『史料綜覧』巻一三）。ただし、小和田哲男氏は、九月二十七日説を提示している〔小和田一九九九〕）であるので、通説よりも約半年以上早いことになるが、この点は「一五九九年度日本年報」（『イ日報』）の単なる錯誤なのかどうか、という点を含めて、今後、検討する必要があろう。なお、傍線cにおいて、秀頼について「主君」と表記していることは、この時点では秀頼が日本国の主君であり、家康は主君である秀頼よりも下の地位（後見役）にあったことを明確に示している。

石田三成の失脚の記載（傍線d）については、通説では、石田三成は当初大坂にいたが、その後、伏見に移った、としている点〔小和田一九九九〕は同様である。しかし、石田三成が伏見に移った理由が、家康の大坂城入城のため、としている点は通説と異なる。通説では、豊臣系の武断派七将による大坂の石田三成邸襲撃のため、としているが、この通説の再検討については、本書の第一章を参照されたい。

傍線dにおける「同僚の統治者たち」というのは、五大老・五奉行の中で石田三成に近い立場の者たち（複数）という意味に考えることができ、大坂にいるよりは伏見城に入城した方が石田三成にとっては安全であるという認識があったのであろう。

傍線eは、石田三成・小西行長派の政治的スタンスが明確にわかる点で重要であり、石田三成・小西行長の派は、秀頼を主君とする豊臣体制の堅持を目的として結束し活動している、という意味と思われる。

傍線fは、石田三成の奉行職辞職と居城の佐和山城への蟄居《ちっきょ》のことを指しており、通説では、慶長四年(一五九九)閏三月十日のこととしている[小和田一九九九]。石田三成の失脚後、家康が小西行長に接近したことは(傍線g)、日本側の史料には見えない内容であり、注目される。小西行長が石田三成の盟友であった点を考慮すると、家康が石田三成の失脚を好機ととらえて、石田三成と小西行長の関係を分断して、小西行長を自分の派に取り込もうと工作したと見なすことができる。

この点については、「一五九九～一六〇一年、日本諸国記」(『イ日報』I—三)に詳しく記されており、「(石田)治部少輔追放後、内府様は(小西)ドン・アゴスチイノを己れの味方に引き入れようと努めた」(『イ日報』I—三)としている。

傍線hは、石田三成に敵対する勢力(具体的な名前は記載されていない)による、石田三成の殺害計画が存在したことを示唆するような内容である。

このことは、慶長四年(一五九九)閏三月四日の豊臣七将による石田三成襲撃事件(ただし、豊臣七将が大坂の石田三成邸を襲撃した事件がフィクションである点については、本書の第一章を参照）を指すようにも見えるが、前掲【史料16】の文脈上では、石田三成の失脚（通説では慶長四年〔一五九九〕閏三月十日）後の出来事として記されているので、時系列としては整合しない。

家康の天下取りの野心を警戒する四大老

傍線ⅰは、家康以外の四大老（毛利輝元・宇喜多秀家・上杉景勝・前田利長）が、家康の政権簒奪の野心を警戒していた、という内容であり、四大老vs.家康という対立軸である。

　このことは、家康の政治的野心を警戒していたのは、石田三成だけではなかったということを明確に示すものであり、関ヶ原合戦に至る権力闘争の対立軸を考えるうえで重要である。

　日本国の情勢に関して言えば、多くの人々が希望している堅固さを、すべての者が保持しているわけではないが、[a]当分は何ら著しく事情が変化する恐れはないであろう。なぜなら日本国のすべての諸侯は太閤様に非常な恩義を受け、[b]そしてまた現在七歳の彼の嗣子（秀頼）のために、国家を保持するため驚くほど心配しているので、家康が太閤様の遺命によってすべてを統治している限りは、彼らは家康に快く服従するだろうからである。しかしもし彼が専主の地位を獲得しようと努め、皆が彼一人に抵抗したとしたら、このために日本国全土は非常に苛酷な戦さによって燃え上がるであろう。

（【史料17】『イ日報』I—三）

この記載（「一五九九年度日本年報」『イ日報』）は、石田三成失脚後における日本の政治状況を記していると考えられる。この時点では、当分は政治状況の激変はないであろう、としているが（傍線a）、それは、秀吉の遺命を受けた家康が秀頼を推戴して統治する限りにおいて、諸大名はその体制におとなしく従っているからである（傍線b）としている。しかし、家康が「専主」（専制君主の意味ヵ）の地位を得るために、（秀頼を排除して）天下取りをおこなおうとした場合は、諸大名は家康と対立して「日本国全土は非常に苛酷な戦さ」がおこることになる（傍線c）、としている。

このことは、諸大名は秀頼を中心に国家を保持していくことに従っており、家康が、秀吉の遺命によって秀頼の後見役として統治することを認めてはいるが、家康が秀頼を排除して最高権力を掌握しようとすれば、家康に抵抗して日本全土で戦争がおこる、ということを示している。つまり、諸大名は秀頼を主君とする豊臣体制の堅持を是認しているのであって、家康を新しい主君とする国家体制は認めないということになる。

この点は、慶長四年（一五九九）の政治状況（石田三成失脚後）として重要であり、同年の政治状況（石田三成失脚後）が表面上、平穏に見えるのは、家康が天下取りの政治的野心を抑制して、秀頼を主君として推戴している限りは、という条件付きなのであって、この時点ですでに家康の政治的野心が想定されていた点は注意すべきであろう。そして、家康が天下取りをおこなおうとした場合に全国的戦乱が想定されていた点は、翌年（慶長五年〔一六〇〇〕）には現実の問題となるのである。

前掲【史料14】～【史料17】は、「一五九九年度日本年報」（『イ日報』）に記載された内容であり、この年報は「一五九九年十月十日付、日本発信」であるので（『イ日報』Ⅰ―三）、一五九九年十月十日（グレゴリオ暦）を和暦に換算すると慶長四年（一五九九）八月二十一日であるから、前掲【史料14】～【史料17】は、それ以前の慶長四年（一五九九）における出来事ということになる。

家康に対する強い反感と陰謀の準備――慶長四年

家康と対立する石田三成などによる、家康に対する陰謀の画策に関して、「一五九九～一六〇一年、日本諸国記」（『イ日報』）には、次のように記されている。

[a]天下《テンカ》や君主国の統治は、多くの頭目や異なった意見に依存するものであるから、奉行らの間で或る者が他の者よりもさらに強力である場合、長期にわたって統一を保つことは不可能であると常に判断された。それゆえ（太閤様が亡くなって後）しばらくは（世の中は）平穏に捗ったにしても、[b]内府様《ダイフサマ》（徳川家康）はともかく非常に強力で、その政庁における首位の座を占め、いとも絶対的であり、命令し、すべてを治める唯一の人物となった。それによって、[c]他の者たちが、彼に大いなる反感を抱き始め、一体化し、彼と衝突するための陰謀を準備した。とりわけ、[d]このことにあたったのは、三ヵ国の国主（前田）肥前（利長）殿、また非常に強力な国主（上杉）景勝で、両者とも有力奉行（大老）であった。そしてより下級奉行には、[e]この陰謀のもっとも主要な張本人である（石田）治部少輔（三成）がおり、彼には、その親友であることから（小西）ドン・アゴスチイノ（行長）が大いに賛同した。（中略）

ついに互いに非常な軋轢《あつれき》を生じた後、大混乱となり、[f]内府様が（石田）治部少輔を政庁から追放して近江の彼の城（佐和山城）に蟄居させることで結着をみた。[g]そして（前田）肥前殿と（上杉）景勝と、その他の領主たちは各々がその領国へと立ち去った。（小西）ドン・アゴスチイノもそのようにし、彼は肥後の自国に戻った。そして内府様は己が意のままに天下の統治を行ない、（一五）九九年の大部分と（一）六〇〇年にかけては、ほとんど絶対君主のようになった。

（【史料18】『イ日報』Ⅰ—三）

傍線aの記載は、秀吉死去（慶長三年〔一五九八〕八月十八日）後の政治状況を述べたものであり、「多くの頭目や異なった意見に依存するもの」というのは、五大老・五奉行による集団指導体制のことを指している。「奉行らの間で或る者が他の者よりもさらに強力である場合」というのは、この文において「奉行ら」＝大老たち、という意味で使用されているので、「或る者」とは家康を指すことは明らかである。よって、「奉行らの間で或る者が他の者よりもさらに強力である場合、長期にわたって統一を保つことは不可能であると常に判断された」というのは、大老である家康が他の大老よりも強力であるため、五大老・五奉行による集団指導体制は長く続かないことが予想された、という意味になる。

そうした家康の専横（傍線b）に対して、他の大老たちが家康に強い反感を持ち、連携して、家康と「衝突するための陰謀を準備した」としている（傍線c）。

この場合、家康と「衝突するための陰謀」とは、政治的衝突だけでなく、軍事的衝突も含めてのことと考えられ、「陰謀」を画策したということは、政治的衝突・軍事的衝突の結果、

上杉景勝像（米沢市上杉博物館蔵）

家康を中央政界から追い落とす目的であったことは明らかである。家康と「衝突するための陰謀」を画策したということは、現状のままでは家康を中央政界から追い落とすことは困難なので、現在の政治状況を劇的に変更させる必要があったためであろう。

傍線dは、家康と「衝突するための陰謀」を画策した人物が、五大老の前田利長と上杉景勝であることを明記しており、上杉景勝について「非常に強力な国主」と記しているのは、軍事的な精強さを示すものであろう。そして、この「陰謀」に関与したのは、前田利長と上杉景勝だけでなく、石田三成が「この陰謀のもっとも主要な張本人」であり、石田三成の「親友」である小西行長がこれに同調した（傍線e）。つまり、家康vs.前田利長・上杉景勝・石田三成・小西行長という対立軸であり、石田三成がこの「陰謀」の首謀者であった。

上述のように、石田三成が家康を公然と非難し、使者を派遣して詰問したことがあったが（慶長四年〔一五九九〕正月十九日）、この時点では、前田利家はいまだ存命中であった。前田利家の死去は慶長四年（一五九九）閏三月三日であり（ただし、第一章で上述したように閏三月四日説もある）、前掲【史料18】では、前田利長が「三ヵ国の国主」と記されているので（傍線d）、前掲【史料18】の記載内容は、前田利家死去後のことと考えられる。前掲【史料18】では、この陰謀画策ののちに、石田三成が失脚して居城である佐和山城に蟄居した（傍線f）ことになっているが、通説では、石田三成の失脚と佐和山城への蟄居は慶長四年（一五九九）閏三月十日であるので、時系列としては整合しないため、この陰謀画策は石田三成の失脚後におこったことと考えられる。

そして、陰謀画策ののちに、前田利長と上杉景勝は帰国した（傍線g）ことになっている。上杉景勝の帰国の時期については、慶長四年（一五九九）八月上旬以前に伏見を発ち、九月上旬までに国許（会津）へ到着し［尾下二〇一六b］、前田利長の帰国の時期については、利長が帰国のために大坂を発したのが、慶長四年（一五九九）八月二十八日である（『加賀藩史料』第一編）。よって、陰謀画策は八月上旬以前ということになる。

以上の諸点を勘案すると、この陰謀画策があった時期は、慶長四年（一五九九）閏三月十日以降、同年八月上旬以前ということになる。この陰謀画策について注目されるのは、反家康として五大老の前田利長と上杉景勝が新たに登場したことであり、以前から反家康の立場であった石田三成とその「親友」（傍線e）である小西行長のラインに、前田利長と上杉景勝が結びついた形になったことである。当時、石田三成は失脚中であったが、反家康の勢力に前田利長と上杉景勝が加わったことは、反家康の勢力が拡大したことを示している。特に、反家康の勢力に上杉景勝が入ってきたことは、翌年の関ヶ原合戦への伏線として重要な意味を持つことになる。

反家康同盟が家康に仕掛けた「武略」——慶長五年

慶長五年（一六〇〇）になると、反家康勢力の連携は具体的な動きを見せ始めた。その点について、「一五九九〜一六〇一年、日本諸国記」（『イ日報』）には、次のように記されている。

> このころ、全諸侯はすでに政庁に復帰していたが、若干、例外があった。それは依然として自領に留まっている肥前殿、もう一人は（上杉）景勝という別の領主である。景勝は上級奉行（大老）の一人であるばかりか、日本でもっとも強力な諸侯の一人でもあって、その領国の東部は内府様のそれに接している。[a]（上杉）景勝は、三年間は領内に留まってもよいとの太閤様の許可を得ていると弁解し、政庁へは赴くまいとの決意を固め

た。[b]この領主は、（石田）治部少輔のごく親しい友人であるが、内府様とは不仲であったので、内府《ダイフ》様《サマ》はその決意をきわめて遺憾に思った。（上杉）景勝宛に、貴殿がただちに上洛しないなら、自ら出陣し、貴殿を反徒として懲罰するであろう、との伝言を送った。ところが、[c]この景勝はきわめて勇敢な武将で、（石田）治部少輔や（前田）肥前殿、その他内府様に良からざる領主たちと密かに気脈を通じ連繋を保っていたので、内密に、これ以上はありえぬほど巧妙な策略〔日本ではこれを武略《ブリヤク》と呼ぶ〕をめぐらした。その策略として、景勝が書状で内府様など物の数ではないとの態度を示して内府様を挑発し始めた。そこで内府様は、自ら（上杉）景勝討伐に赴かざるを得なくされた。[d]内府様は、すべてはわが手中に確保されているものと判断して、麾下の全軍を率いて行こうと決意した。（中略）内府様は急いでいたし、全員がただちに後続するものと考えていたので、自信をもって全兵力を率いて関東に向かった。[e]幾人かの奉行は内府様に従ったが、その歩みは緩慢であった。その一人は（石田）治部少輔の城を通過する時に彼と連絡をとり、かねて仕組んでおいた計略を明らかにしようと決意した。そこで後からやって来た者たちと談合し、全員大坂へ帰ることで一致しすぐに行動した。このようにして、たちまち両者の関係は決裂して、[f]日本のほとんどすべての諸侯の間に、内府様に背反する同盟が結成された。重立った奉行、および大坂にいた三名の奉行も彼らと合流し、彼らと一致団結し、内府様に敵対する立場を明らかにして内府様を政治から放逐した。[g]彼らは内府様に自らの領国に留まるようにとの伝言を送り、[h]幼君秀頼様に対し、またその父君太閤様の命に背き犯した数ヵ条の罪状をつきつけた。

[i]この同盟に参加していた者たちの重立った者は、(小西)ドン・アゴスチイノ(行長)と、その親友(石田)治部少輔であった。両名は非常な勇気と智略に富み、太閤様から賜わった大いなる恩義を感じていた。太閤様は存命中、この両人に対して深い愛情を常に抱いていたし、両者が大領主になったのも太閤様のおかげであったからである。したがって両者にとり、[j]太閤様の若君(秀頼)が、内府様のために世襲封土を剝奪され、栄誉や身分の点で毀損を被ることに我慢がならなかった。このために両者は、若君に対する忠臣として、[k]どうしたらその身分を今までどおり留めることができるか、絶えず心を労してきた。そして両者は、この一点につき諸大名と談合の結果、最終的にこの同盟を結ぶに至った。その成否はかかってかの策略にあったが、日本の政治史においてこの同盟くらい入念に仕組まれたものはなかった。[l]これによって大いなる名声と栄誉が、殊にかの二人の領主に帰したのであった。

(【史料19】『イ日報』I―三)

傍線aは、上杉景勝の上洛拒否に関する記載である。傍線aにおける「政庁」とは、「都と呼ばれる政庁のある都市」（『イ日報』I―三）という記載から、伏見城のことを指すと考えられる。上杉景勝の上洛拒否問題が、家康による上杉討伐の理由になったのはよく知られている。

傍線bは、上杉景勝が石田三成の「ごく親しい友人」であった一方で、景勝は家康とは「不仲」であった、という記載であり、上杉景勝のその後の動向を考えるうえで、この人間関係は重要である。

上杉景勝が、石田三成、前田利長、その他の反家康の諸大名と「密かに気脈を通じ連携を保っていたので、内密に、これ以上はありえぬほど巧妙な策略〔日本ではこれを武略《ブリヤク》と呼ぶ〕をめぐらした」（傍線c）という記載からは、反家康の秘密同盟がいかに大がかりなものであったかを知ることができる。この傍線cの記載からは、

①反家康の首謀者は上杉景勝、石田三成、前田利長であり、それ以外にも反家康の諸大名が存在した

②この反家康の同盟は、この時点では家康側に対して内密にされていた

③この反家康の同盟が準備したのが「これ以上はありえぬほど巧妙な策略」であり、換言

すれば当時の日本で「武略」と呼べるものであった

ということが具体的にわかる。

前田利長と家康の対立については、「こうしてこの（一）六〇〇年を通じて統治〔家康は〕するに至った。このような時に、彼〔家康〕と（前田）肥前（利長）殿との間に伝言による激しい応酬があり、果ては断交に立ち至るかに思われた。しかし、内府様は、とどのつまり、先の陰謀〔反家康の陰謀〕に加担していたといわれるその他の諸侯とまず和を講じ、その多くと姻戚関係を結び、最終的には肥前殿とも関係を修復した。もっともその和平たるや双方の側にとって真実のものというよりは一時の間に合わせにすぎなかったようである」（『イ日報』I―三）と記されている。

この記載における「伝言による激しい応酬」とは、書状のやり取りによる非難の応酬という意味と考えられ、家康と前田利長の間でそうした対立があったが、最終的には関係が修復された、としている。しかし、この関係修復は「一時の間に合わせ」にすぎなかった、としているので、その後も家康と前田利長の対立が再燃する可能性はあったと思われる。

大西泰正氏は通説になっている「加賀征伐」について、同時代史料からは立証できないことを理由に、「「加賀征伐」伝承が、歴史的事実ではなく、むしろ不確かな編纂史料のなかから生まれた物語とみなすべき」という見解を提示している。ただし、大西氏は、慶長四年九月以降、翌同五年五月（利長の実母・芳春院が人質として江戸へ下向）頃まで、家康（在大坂）と前田利長（在金沢）の関係が悪化し（家康が利長を豊臣政権中枢から事実上、排除したため）、極度の緊張状態に陥った、と指摘している〔大西二〇一九〕。上記の『イ日報』Ⅰ—三の記載は、「加賀征伐」という軍事オプションの発動については記されていない、という意味で、大西氏の指摘を裏づけるものと言えよう。

なお、関ヶ原合戦以後の一六〇一年、一六〇二年の時点で、前田利長については、「彼〔前田利長〕は日本でもっとも勢力のある領主の一人であり、日本中にたいそう信望が厚いので、内府様〔家康〕が亡くなれば、彼が天下《テンカ》においてその跡を容易に継ぐことができると多くの人が推測している」（『イ日報』Ⅰ—四）と記されているので、前田利長は家康死去後に天下支配をなし得る人物として衆目の認めるところであったことがわかる。

上述のように、上杉景勝が石田三成の「ごく親しい友人」であった点と、上記①のように、上杉景勝と石田三成はともに、この反家康の秘密同盟の首謀者であった点を考慮すると、石田三成と上杉景勝の事前盟約は存在した可能性が高いことになる。

「これ以上はありえぬほど巧妙な策略」（傍線c）＝「武略」（傍線c）とは、何を指すのかを考えると、「武略」は「戦争上の詭計《きけい》と策略」（『邦訳日葡』）。なお、室町時代語辞典編修委員会編『時代別国語大辞典』〈室町時代編四〉では、「武略」の意味として「勝利をかちとるべくさまざまにめぐらす、軍事上の策謀」と記されている）という意味なので、「これ以上はありえぬほど巧妙な策略」には、軍事的オプションが含まれていることは明らかである。

傍線dは、家康が自信満々に上杉討伐に向かったことを記しているが、このことは同時に、反家康の同盟が準備した「これ以上はありえぬほど巧妙な策略」に対して、家康がまったく気づいていないことも示していた。

なお、上杉討伐に関連して、その後の家康の動きについて「そこで内府様〔家康〕は、（上杉）景勝との戦闘について、最良の命令を下した。すなわち、これと対抗するため、その一子〔結城秀康〕を多数の兵とともに残し、自ら残りの全軍勢を率いて、配下の待つ尾張の国へ来着した」（『イ日報』I―(三)、と記されている。

この記載では、家康が上杉討伐を中止して西上することについて、家康自身が「命令を下した」としていて、家康が諸将と協議したとは記されていない点（つまり、いわゆる〝小山《おやま》評定《ひょうじょう》〟に関する記載が一切ない点）は注目される。筆者（白峰）は、小山評定については歴史的事実ではない、という立場であり〔白峰二〇一二・二〇一四a・二〇一四b・二〇一四c〕、この記載については、小山評定が歴史的事実ではないということを示す傍証になるであろう。

家康を豊臣公儀から完全に排除

上杉討伐に関して、家康は慶長五年（一六〇〇）六月十六日に大坂を発して伏見に入り、同月十八日に伏見を発って江戸へ下向したので〔相田二〇一六a〕、次の傍線eの内容は、慶長五年（一六〇〇）六月十八日よりはあとの出来事になる。

傍線eは、反家康の同盟が準備した「これ以上はありえぬほど巧妙な策略」の具体的内容が記されている。上述のように、家康が上杉討伐に向かった後、何人かの奉行（五奉行のうち、何人かの奉行）は上杉討伐に向かうことに表面上は従ったが、サボタージュするかのように、その行軍速度は遅く、奉行のうちの一人は、石田三成の居城である佐和山城を通過する時に三成と連絡を取り、事前に準備していた「計略」を実行しようと決めて、後続の「者たち」（反家康の諸大名を指すと考えられる）と相談して、これらの者が皆、上杉討伐に向かわずに、大坂へ引き返すことをすぐに実行した。

つまり、家康には、先に上杉討伐に向かわせておいて、反家康の諸大名（五奉行のうち何人かの奉行が含まれる）は上杉討伐には向かわず、佐和山から大坂に引き返したのである。

傍線fは、「日本のほとんどすべての諸侯」の間に反家康同盟が結成され、「重立った奉行」と「大坂にいた三名の奉行」も反家康同盟に合流して、家康に敵対する立場を明確にした、としている。

この記載からは、反家康同盟に加わった諸大名の数がいかに大規模だったか（「日本のほとんどすべての諸侯」）がわかり、豊臣政権の中枢も家康に敵対する立場を明確にしたことがわかる。対立の図式としては、家康 vs. 豊臣政権の中枢＋《プラス》日本のほとんどすべての諸大名ということになり、家康に味方した大名はほとんどいなかった、ということになる。

この場合の豊臣政権の中枢とは「重立った奉行」と「大坂にいた三名の奉行」であるが、「重立った奉行」とは、毛利輝元と宇喜多秀家の二大老を指し、「大坂にいた三名の奉行」とは、増田長盛、長束正家、徳善院玄以の三奉行を指すと考えられる。石田三成は居城の佐和山城（近江）に蟄居中であったし、浅野長政は慶長五年（一六〇〇）四月十二日に江戸に下っているので［相田二〇一六b］、五奉行のうち残りの二人については、当時、大坂にいなかったことは確実である。

家康に対するこうした動きは、政治的には、家康を豊臣公儀から完全に排除したことを意味しており、「内府様を政治から放逐した」（傍線f。「放逐」とは追放という意味である〔『日本国語大辞典（第二版）』〕）というのは、そのことを指している。

この点については、「一六〇〇年度日本年報補遺」（『イ日報』I―三）にも「日本国全土の奉行であった諸侯は、〔年報で報告したように〕、内府様《ダイフサマ》〔（徳川）家康は自分にはこの名を好んだ〕に対する同盟を互いに結び（中略）共同の敵（家康）に対しては国家のすべての政務から閉め出して（後略）」と記されている。「日本国全土の奉行であった諸侯」（上述した二大老と三奉行に、石田三成を加えた構成と考えられる）は、家康を「共同の敵」として、家康を「国家のすべての政務から閉め出し」たことが明記されている点は重要である。

　そして、傍線gでは、家康に対して「自らの領国に留まるようにとの伝言」を送った、としているが、この点は日本側の史料には見られない点であり注目される。家康は上杉討伐の中止後、八月五日に江戸に戻り、八月中は江戸に留まっているので（江戸を出陣するのは九月一日）〔相田二〇一六a〕、家康自身の行動とも符合している。

　このように、豊臣政権から家康に対して江戸に留まるように、と命じていたとすると、家康が八月中は江戸から動かなかった理由が明確に理解できる。その意味では、家康は江戸から動かなかったのではなく、動けなかったということになる。また、上杉討伐中止の理由として、このことに関係づけて考えることも可能であろう。

　傍線hにおける「数ヵ条の罪状をつきつけた」は、七月十七日に大坂三奉行（増田長盛・長束正家・徳善院玄以）が出して家康を弾劾した「内府ちかひの条々」のことを指す。

　傍線hで重要なのは、家康が「幼君秀頼様」に対して、また「その父君太閤様」（豊臣秀吉）の命に背いた、としている点であり、家康が豊臣政権の敵になった、ということを明確に示したことになる。「幼君」とは「おさない主君」（『日本国語大辞典（第二版）』）という意味であるから、この時点での主君は豊臣秀頼であり、家康はその敵になったことが諸大名に対して周知されたのである。よって、マクロな意味では、豊臣公儀の主君豊臣秀頼 VS.豊臣公儀から排除された豊臣公儀の敵である家康、という対立軸になる。

反家康同盟の首謀者は、小西行長と「その親友」の石田三成であり（傍線 i）、家康の政治的野心により、豊臣秀頼が秀吉から継承した地位を毀損・失墜させる恐れがあることに危機感を感じていた（傍線 j）。家康の政治的野心については、「内府様が政権をとった時には、自分たちは必ず内府様を助け、その陣営に立つであろうという内容」の「誓約」を「内府様は、日本の他の諸侯から徴した」（『イ日報』I―三）と記されているので、家康の政権獲得への意欲は明らかであったと言えよう。

家康の政治的野心に対する危機感を、石田三成・小西行長が、諸大名と共有することによって、反家康同盟を結成し、反家康同盟の目的が達成できるか否かは、上述した「策略」（＝「武略」）がうまく実行できるかどうかにかかっていたが、「日本の政治史においてこの同盟くらい入念に仕組まれたものはなかった」としているので（傍線 k）、反家康同盟が以前から周到に準備されたものであることがわかる。

傍線1は、反家康同盟の首謀者である石田三成と小西行長に「大いなる名声と栄誉」が与えられた、というものであり、当初は反家康同盟の目的が達成され、家康打倒が成功する可能性が高かったことを示している。その傍証として、

❶小西行長について「戦う少し前には、彼は勝利を掌中に収めるかに見えたので（後略）」（『イ日報』Ⅰ―三）と記載されている

❷「内府様に背反する同盟が露顕すると、日本国中の諸侯のほとんどがそれに加わっていたので、多数の諸侯はただちに軍兵を率いて大坂〔大坂城〕の政庁に集結した。その数はわずかの間に十万を超えた」（『イ日報』Ⅰ―三）と記載されていて、反家康方の軍事動員が成功し、一〇万を超える軍勢が大坂城に集結したことがわかる

❸家康方の留守将が籠城《ろうじょう》していた伏見城を攻略後、「諸奉行は完全に天下の主となり、きわめて大きな権力を掌握するに至った」（『イ日報』Ⅰ―三）と記載されていて、石田三成などが天下を完全に掌握したことが明記されている

などの点が指摘できる。

第三章　関ヶ原合戦——イエズス会宣教師の明晰な戦争分析

「秀頼様」に味方する織田秀信

石田三成・毛利輝元方軍勢と家康方軍勢の両軍事勢力が、軍事的に衝突する場所は、最初から関ヶ原と決められていたわけではない。「一五九九～一六〇一年、日本諸国記」（『イ日報』）には、福島正則について「この君侯〔福島正則〕は内府《ダイフ》様《サマ》〔家康側〕側の人であるから、その領内でもっとも戦さが激しくなるに違いなかった」（『イ日報』Ⅰ―三）と記されていて、福島正則が家康方であるため、その領国である尾張国内での激戦が予想されていた。

宣教師が美濃国内にいた時の織田秀信《ひでのぶ》の動向について、「一五九九～一六〇一年、日本諸国記」（『イ日報』）には、次のように記されている。

> [a]我らがかの地にいた過ぐる日に、[b]彼（中納言殿）が（太閤様の）若君秀頼様《プリンシペ・ヒデヨリサマ》に味方することを宣言すると、ただちに（若君）から（中納言殿のところへ）米二千ないし三千石《ゴク》――米二俵が一石である――がもたらされ、彼が（若君に）、[c]美濃国全領を授けられたことの感謝の意を表すために訪ねて行くと、[d]秀頼様は、彼の父君が有していた四万〔ママ〕〔四十万カ〕クルザードに相当する美濃と尾張のすべての扶持を与え、さらにおよそ一万（クルザード）

にも達する金の延板《ベラ》二百枚を授けた。

（【史料20】『イ日報』Ⅰ―三）

傍線aの宣教師が美濃国内にいた時期を考えるうえで参考になるのは、傍線bの織田秀信が豊臣秀頼に味方することを宣言した、という記載である。つまり、織田秀信が豊臣秀頼に味方することを宣言したということは、この時点では、「内府ちかひの条々」が出されて、家康が豊臣公儀から排除されていることを示している。「内府ちかひの条々」が出されたのは、七月十七日であるから、それ以降の時期であることは明らかである。

傍線bについては、

①織田秀信が豊臣秀頼に味方すると記載されている
②豊臣秀頼について「若君」と記載されている
③豊臣秀頼について「秀頼様」と記載され、様付きになっている

という点で重要である。

①は織田秀信が石田三成や毛利輝元に味方するのではなく、豊臣秀頼に味方すると記され

豊臣秀頼像（養源院蔵）

ているので、家康方の軍勢と対戦する軍勢のトップは秀頼であることがわかる。

また、②は、秀頼＝「若君」であり、「若君」とは「幼い主君」（『日本国語大辞典（第二版）』）という意味なので、秀頼は諸大名から見て「幼い主君」であることがわかる。そのため、③で指摘したように秀頼は様付きになっているのであろう。ちなみに、豊臣秀頼は慶長五年（一六〇〇）の時点で八歳であった。

傍線cについては、それまで織田秀信は「美濃の国の大半を有し」（『イ日報』I―三）ていたが（つまり、美濃国内には織田秀信以外にも中小の領主がいた）、秀頼に味方したことにより「美濃国全領」が織田秀信に与えられたことがわかる。このことは、この時点で、秀頼が知行宛行権《ちぎょうあてがいけん》を行使した、という意味で重要である。

そして、傍線dにあるように、秀頼が織田秀信に対して「美濃と尾張のすべての扶持を与え」としていることから、この記載について、秀頼が織田秀信に対して美濃国と尾張国を与えた、と解釈すると、尾張国は福島正則の領国であったので（ただし、尾張国内には黒田《くろだ》城主一柳直盛《ひとつやなぎなおもり》、犬山《いぬやま》城主石川貞清《いしかわさだきよ》もいた）、福島正則は秀頼から改易にされた、ということを意味する。

ちなみに、後述のように三五〇〇クルザードは、五〇〇〇石に相当する（『イ日報』Ⅰ―三）。よって、この基準をもとに計算すると、秀頼が織田秀信に与えた四万クルザードは五万七一四三石に相当するので（計算上、小数点第一位を四捨五入した）、「美濃と尾張のすべての扶持」という点を勘案すると、「四万クルザード」は「四十万クルザード」（五七万一四三〇石に相当する）の誤記である可能性が高い。

尾張国内への侵攻を狙う三成

石田三成方の軍勢の動きは、宣教師が、「（石田）治部少輔（三成）の軍勢と遭遇の折」（『イ日報』Ⅰ―三）と記されているほか、「別の地で私が出会った宰相殿の（中略）彼らはそこでおよそ一万二千人くらいが城塞を修復し、出陣の準備をしていた」（『イ日報』Ⅰ―三）と記されている。

このことから、宣教師は石田三成の軍勢と遭遇し、別の場所で毛利秀元《ひでもと》（「宰相殿」）の軍勢とも行き合ったことがわかる。前後の文脈から、この宣教師は、美濃国内にいたか、あるいは、美濃国から移動中だった可能性が高く、時期としては、石田三成方の軍勢が家康方軍勢と直接対戦する関ヶ原合戦より前の時期であることは明らかである。よって、この宣教師が石田三成の軍勢と遭遇したのは、三成が大垣城《おおがき》に入城する八月上旬以前、毛利秀元の軍勢と行き合ったのは九月上旬頃と考えられる。

なお、毛利秀元の軍勢が「およそ一万二千人くらい」という点は、当時の日本側の史料である石田三成の人数書立《かきた》て（八月五日頃の時点における石田・毛利方の諸将の配置と動員人数を記した史料〔『真田家文書』上巻、五六号文書〕）では、毛利秀就《(ママ)》（秀元ヵ）の軍勢の人数を一万人としていて、数字的には近似しているので、「およそ一万二千人くらい」という記載は、信憑性《しんぴょう》が高いことを示している。それから、毛利秀元の軍勢およそ一万二〇〇〇人くらいが修復していた城塞というのは、その人数からすると大規模な修復になるので、南宮山《なんぐうさん》の陣地の可能性も考えられる。

石田三成・毛利輝元方軍勢の動向について、「一六〇〇年度日本年報補遺」（『イ日報』）には、次のように記されている。

彼〔家康〕は己が領国である関東に留まって、奉行の一人であった（上杉）景勝と戦さをしていた。奉行側に味方していた者たちは、a都《ミヤコ》へ通じるすべての街道を封鎖することを考え、こうすることによって軍勢を率いて都へ帰ろうとする敵の望みを奪おうとした。b彼らはこの計画を実行するために、伊勢と美濃の国に己が最大の軍勢を集結させた。美濃の国は尾張の国に接していたが、cそこ〔尾張国〕には日本国全土でもっとも立派な城郭の一つがあり、彼らはその〔尾張国〕領国を掌中に収める目的であった。（中略）また（石田）d治部少輔が六、七千の軍勢を率いて、同国〔美濃国〕の中に毎時大勢を待機させておいて、伊勢と美濃の国からはいれる尾張のその地域へ侵入できるようにしていた（後略）

（【史料21】『イ日報』I—三）

石田三成・毛利輝元方では、都へ通じるすべての街道を封鎖して、家康方の軍勢が都へ来ることを阻止しようとし（傍線a）、そのため伊勢国・美濃国に最大規模の軍勢を集結させた（傍線b）。このように、石田・毛利方が伊勢国・美濃国に軍勢を集結させて街道を封鎖しようとしたのは、家康に従って上杉討伐のために東下した諸大名の軍勢が西上してくることを想定して、その西上を阻止しようとしたことを示している。つまり、石田・毛利方では、西上してくる家康方の軍勢との対戦が最も重要と認識していたのであろう。

傍線cにおける「日本国全土でもっとも立派な城郭の一つ」とは、福島正則の居城である清須城《きよす》（尾張）を指すと考えられ、石田・毛利方では清須城の奪取を狙っていたことがわかる。この点は上述したように、尾張国内での激戦が予想されていたこととも符合する。

傍線dは、石田三成が六〇〇〇～七〇〇〇の軍勢を率いて美濃国内に待機し、隣国の尾張国内への侵攻を狙っていた、としている。この場合、石田三成の軍勢が六〇〇〇～七〇〇〇という点は、上述した石田三成の人数書立て（『真田家文書』上巻、五六号文書）において、石田三成の軍勢の人数を六七〇〇人としている点と近似する。

その後、家康方の軍勢により岐阜《ぎふ》城攻城戦があり、家康方が勝利して、岐阜城主の織田秀信は「ついに敵に降参し、敵から尾張の城〔清須城カ〕へ送還された」（『イ日報』Ⅰ―三）。

そして、「このような状況下で、薩摩の国主（島津義弘）と（小西）アゴスチイノ摂津守殿が若干の軍勢を率いて（石田）治部少輔の城〔大垣城〕へ到着した」（『イ日報』Ⅰ―三）。この場合、大垣城に入城した島津義弘と小西行長の軍勢が「若干の軍勢」であり、兵力数としてそれほど多くなかった点に注意したい。また、この記載からすると、島津義弘と小西行長が大垣城に入城した時期は、家康方軍勢による岐阜城攻め（八月二十三日）の直後であったことになる。

開戦と同時に裏切った小早川秀秋

九月十五日当日の関ヶ原合戦（本戦）について、「一六〇〇年度日本年報補遺」（『イ日報』）には、次のように記されている。

[a]多くの地に分散した軍勢を擁していた奉行たちは軍勢を美濃の国へ集結させる意図を少しも棄てず、それを実行した。そこで八万人が集結したが、その力をもってすれば、内府様側についてそれらの地にいたすべての軍勢が、短時間で殲滅し根絶されうるものであった。[b]しかし、奉行たちの相互間の意見の一致はいとも乏しく、全三十日の間に、三万にも満たぬ敵の軍勢に対して、たった一度さえ攻撃をかけなかったほどである。（中略）内府様は時間が無駄に過ぎぬよう、尾張（ママ）〔美濃ヵ〕へ到着したその日に、[c]美濃にいた軍勢と合流し、そのうえ五万の軍勢を擁するようにした。

翌日彼〔家康〕[d]は敵と戦闘を開始したが、始まったと思う間もなく、これまで奉行たちの味方と考えられていた何人かが内府様の軍勢の方へ移っていった。彼らの中には、太閤様の奥方の甥であり、太閤様から筑前の国をもらっていた（小早川）中納言（金吾秀秋）がいた。同様にたいして勢力ある者ではなかったが、他の三名の諸侯が奉行たちの軍勢に対して武器を向けた。[e]奉行たちの軍勢の中には、間もなく裏切行為のため叫喚が起こり、陣列の混乱が叫喚に続いた。[f]同じく毛利（輝元）（ママ）〔秀元ヵ〕殿〔彼は九ヵ国の国主であった〕の軍勢は、合戦場から戦うことなしに退却した。
[g]こうして短時間のうちに奉行たちの軍勢は打倒され、内府様は勝利をおさめた。

（【史料22】『イ日報』Ⅰ―三）

石田三成・毛利輝元方では、それまで分散していた軍勢を美濃国に集結させて、兵力数が八万人になり、家康方の軍勢を「短時間で殲滅し根絶」できる（傍線a）ほど優勢であったが、指揮命令をおこなう複数のトップ（二大老、四奉行）の間で「相互間の意見の一致」が少なかったため、迅速な指揮命令ができず、「全三十日の間」（八月中を指すと考えられる）に三万未満の家康方軍勢（この時点では家康は到着して合流していない）に対して、一度も攻撃をかけなかった（傍線b）。

その後、家康が到着し合流した家康方の軍勢が五万になった（傍線c）としているので、家康が江戸から引き連れて来た軍勢は二万だったことになる。

なお、石田・毛利方が美濃国に集結させた兵力数を八万人としているが（傍線a）、人数の点で誇張があるかも知れないので、この点は検討する必要がある。

九月十五日当日の戦況は、開戦と同時に小早川秀秋と他の三名の大名が裏切って家康方についたため（傍線d）、石田三成方の軍勢はパニックに陥り、陣列が混乱して（傍線e）、短時間で敗北した（傍線g）。

なお、傍線fにおける「毛利殿」について、訳者は毛利輝元に比定しているが、南宮山に布陣した毛利秀元のことを指していると考えるのが正しいので、毛利秀元に比定すべきである。

前掲【史料22】の記載において、特に注目されるのが、開戦と同時に小早川秀秋などが裏切って家康方についた（傍線d）、としている点である。これまでの通説では、小早川秀秋の裏切りについて、当日（十五日）の正午頃までは、秀秋は去就をあきらかにしておらず、石田三成方を裏切って大谷吉継隊を攻撃したのは正午過ぎとしているが、この点については、大きく修正が必要になる。

そして、開戦と同時に小早川秀秋などが裏切ったことにより（傍線d）、石田三成方の軍勢は開戦してから短時間で敗北した（傍線g）ことがわかる。この点については、他の箇所の同様の記載として、「わずかの間に諸奉行の軍は総崩れとなり」（『イ日報』Ⅰ―三）、「仕組まれた裏切りのため一瞬にして全軍が敗れると」（『イ日報』Ⅰ―三）、「奉行側の軍勢は我らが先述したように、非道なる裏切者たちの悪業によってごく短時日で敗北してしまった」（『イ日報』Ⅰ―三）と記されていて、石田三成方の軍勢は瞬時に敗北したことがわかる。

傍線bについて、石田・毛利方が迅速な指揮命令ができなかった点に関連して、「この戦闘の全期間に、内府様の軍勢は己が指揮者の命令を遂行するに際しては最大の迅速さを示した。つまり全軍は、一人〔家康〕の人間の意志に従っていたからである。これに反して敵方〔石田・毛利方〕では、多数の人々によって指揮されていたので、遅延と緩慢以外の何ものもなかった。なぜなら奉行たちは熟考し、そして互いに多くのことを議論している間に事態に善処すべき機会が両手から逃げてしまったからである」（『イ日報』Ⅰ―三）といった同様の記載もあり、宣教師側の史料において、このようにマクロな意味での石田・毛利方の敗因分析をしていることは、日本側の史料には見えない点であり注目される。この中で、石田・毛利方は「多数の人々によって指揮されていた」としている点は、石田三成一人が指揮していたわけではなかったことを示しており、石田・毛利方の軍事指揮のあり方を考えるうえで重要である。

戦意喪失して大坂城から退去した毛利輝元

関ヶ原合戦後、大坂城西の丸に在城していた毛利輝元の動向について、「一六〇〇年度日本年報補遺」（『イ日報』）には次のように記されている。

内府様は軍勢を率いて大坂城へ進軍した。〔大坂城西の丸〕城には毛利（輝元）殿が住んでいた。（中略）

[a]この当時毛利（輝元）殿は（中略）太閤様の財宝と息子〔豊臣秀頼〕をも己が権限の下に置き、そしてすべての諸侯の人質、内府様に味方していた人々の人質に対してさえも権限をもっていたが、このほかに[b]己が諸領国から四万の軍勢をも召集していた。[c]最後に彼は幾年にも及ぶ戦争に必要な食糧その他の必要物質（ママ）〔物資カ〕を豊富に蓄積してあったにも拘わらず、[d]味方の軍勢が内府様によって打ち破られたと知るやいなや、非常な驚怖に呆然となり、そしてまったく恐れおののいてしまい、[e]戦さと戦闘を交えることも、また敵の勢力を撃退することさえ考えなかった。また驚くべきことは、[f]彼は自国へ帰ることが容易にできたのにそれもせず、また[g]敵方に対して和平の諸条件を一つも提示せず、（中略）[h]すべての側近者といっしょに大坂城を出て城外にある荘麗に建てられた自らの別荘に身を隠し、[i]そこで敵の思うとおりに降伏することを考えた。

[j]こうして内府様は失っていた大坂城をやすやすと掌中に取り戻し、それから日ならずして、ほとんど日本国全土の支配権を得た。

（【史料23】『イ日報』Ⅰ―三）

関ヶ原合戦後、大坂城に在城していた毛利輝元は、

❶豊臣秀吉の後継者である秀頼を推戴し（かつコントロール下に置いて）、豊臣氏の財産（家産）を管理していた（傍線a）

❷自分の領国から四万人の軍勢を上坂させていた（傍線b）（この記載からは、毛利家だけで四万人を動員したということになる。石田三成の人数書立て〔『真田家文書』上巻、五六号文書〕では、毛利輝元は四万一五〇〇人動員したことになっており、数字的にほぼ一致する）

❸大坂城に数年は籠城できる兵糧その他の物資が備えられていた（傍線c）

というように、大坂城に在城して家康方の軍勢と十分に戦うことができる状態であった。

しかし、毛利輝元は、関ヶ原合戦で石田三成方の軍勢が家康方の軍勢に敗北したことを知ると、すぐに驚き恐れて呆然《ぼうぜん》となり（傍線d）、家康方の軍勢と戦うことをまったく考えずに（傍線e）、自分の領国に帰ることもしなかった（傍線f）。そして、家康方に対して和平条件を提示することすらせずに（傍線g）、大坂城から退去したのである（傍線h）。

このように、毛利輝元は、関ヶ原合戦の敗報を受けたあとは、まったく戦意喪失して、自分が掌握していた有利な条件をすべて無駄に投げ捨てて大坂城を出たのであり、こうした無能な態度が、家康の思う壺になる形で降伏することになった（傍線i）。

この結果、家康はたやすく大坂城を取り戻すことができ、その後、「ほとんど日本国全土の支配権」を得ることになった（傍線:j）。

輝元が大坂城から退去した理由

それでは、なぜ毛利輝元は関ヶ原合戦の敗報を聞いただけで、このように自らの無能さをさらけだすような形で無様《ぶざま》に降参したのであろうか。それまで毛利輝元は秀頼を推戴し、石田三成とともに政権（石田・毛利連合政権）を形成していたので、政権そのものを投げ出したということになる。

その理由としては、関ヶ原の敗戦によって、石田三成と安国寺恵瓊を失ったことが大きいと考えられる。安国寺恵瓊は「仏僧で、九ヵ国の国主毛利（輝元）殿が父のように敬愛し、その助言によってすべてを治めており、反内府様同盟の張本人であった」（『イ日報』Ⅰ―三）と記されている。よって、関ヶ原合戦に至る反家康同盟の首謀者であった安国寺恵瓊は、毛利輝元に対する影響力が大きく、輝元を関ヶ原合戦に引き込んだ人物であった。

安国寺恵瓊については「毛利殿〔毛利輝元〕は常に傍に置き、父のように敬っている」（『イ日報』Ⅰ―三）、「彼〔安国寺恵瓊〕は自分が欲することは何でも毛利殿〔毛利輝元〕にやらせていた」（『イ日報』Ⅰ―三）と記されているので、毛利輝元が安国寺恵瓊をいかに信頼していたか、また、安国寺恵瓊の毛利輝元に対する影響力の大きさを知ることができる。ちなみに、関ヶ原合戦があった慶長五年（一六〇〇）の時点で、毛利輝元は四十八歳、安国寺恵瓊は六十一歳または六十四歳であった（安国寺恵瓊の生年については天文六年〔一五三七〕と天文八年〔一五三九〕の二説がある）。

石田三成については、安国寺恵瓊、小西行長とともに「盟約《（反家康同盟）》の重立った指揮者であった三名」（『イ日報』I―三）のうちの一人であった。三成は「同盟軍《（反家康同盟軍）》の首謀者かつ頭首」（『イ日報』I―三）として、反家康の急先鋒であったので、毛利輝元が反家康の政治的・軍事的主導者であった安国寺恵瓊と石田三成を同時に失ったことは、相当なダメージであり、輝元一人では大坂城に籠城して反家康の軍事行動をとることもできず、秀頼を推戴して政権の運営を継続させることも不可能であった。

このことが、輝元が茫然自失になって、大坂城から退城した理由と考えられる。つまり、輝元を反家康の盟主に担ぎ上げた安国寺恵瓊と石田三成を失った時点で、担ぎ手（安国寺恵瓊、石田三成）がいなくなって御輿《みこし》（毛利輝元）だけの状態になったようなもので、輝元自身には政治的・軍事的にその後の具体的方向性が見えてこなかったのであろう。

なお、小西行長については、「戦争で敗北した同盟軍《（反家康同盟軍）》の主将格であった」（『イ日報』I―四）、「敵軍の大将」（『イ日報』I―四）と記されているので、関ヶ原合戦における小西行長の軍事的役割の大きさについて、今後再評価が必要である。

関ヶ原合戦に参戦した明石掃部

明石《あかし》掃部《かもん》（全登《てるずみ》）は宇喜多秀家の重臣であり、キリシタンとして著名である。明石掃部について「一五九五年二月十四日付オルガンティーノのイエズス会総長宛書簡」には「三ヵ国、すなわち備前、美作《ミマサカ》、備中の国主なる（宇喜多）備前宰相（八郎）殿の甥にあたり、（小西）アゴスチイノ（行長）の非常な親友」（『イ日報』I—二）、「一五九六年度年報」には「三ヵ国の国主である備前宰相（宇喜多秀家）の甥である（明石）掃部《カモン》殿」（『イ日報』I—二）、「一五九九～一六〇一年、日本諸国記」には「中納言〔宇喜多秀家〕の義兄弟である明石掃部殿」（『イ日報』I—三）、「備前の国主（宇喜多秀家）の姉妹と結婚した義兄弟の明石掃部ドン・ジョアン」（『イ日報』I—三）、「国主備前中納言（宇喜多秀家）の義兄弟で（甲斐守〔黒田長政〕）の親友」（『イ日報』I—三）、と記されている。

こうした記載から、明石掃部は宇喜多秀家の甥にあたり、のちに秀家の姉妹と結婚したため、秀家の義兄弟になったことがわかる。交友関係では、小西行長とは「非常な親友」であり、黒田長政とも「親友」の関係にあった。

明石掃部については、「一五九六年度年報」には「太閤の大坂での建築工事のすべてを監督している（明石）掃部《カモン》殿」（『イ日報』Ⅰ―二）と記されていて、秀吉の時代の大坂での「建築工事（大坂城普請ヵ）」の奉行（「監督」）をしていたことがわかる。この場合、大坂での「建築工事」が、秀吉の大坂城普請を指しているとすれば、その公儀普請奉行であったか、あるいは、宇喜多家の普請奉行であった可能性が高い。

また、「一五九九～一六〇一年、日本諸国記」には「（明石）ドン・ジョアン（掃部）は世人からすこぶる賢明かつ勇敢な武士であると見なされ、万事につけて傑出していた。そして国主〔宇喜多秀家〕の義兄弟で、同国（引用者註：宇喜多秀家の領国である備前・美作・備中）の重立った奉行であり、かつ毎年三千五百クルザードに相当する五千石《ゴク》の収入を得ているので、大きい屋敷と多数の家臣を有している」（『イ日報』Ⅰ―三）と記されていて、宇喜多秀家麾下《きか》の主要な奉行を務め、知行高は五〇〇〇石であったことがわかる。

敵軍の真ん中へ突入した明石掃部

このように、明石掃部は宇喜多秀家の重臣として活躍していたが、関ヶ原合戦で実際に戦った状況について、「一六〇〇年度日本年報補遺」（『イ日報』）には、次のように記されている。

明石掃部は敏捷で軍略に非常に巧みな者として、[a]日本の奉行側の軍《〔石田三成方の軍勢〕》の第一線で戦っていた人々の指揮者とされたが、[b]合戦の開始にあたり裏切り者の軍勢《〔小早川秀秋などの軍勢〕》によって置き去りにされたため、自分は敵方の軍勢《〔家康方の軍勢〕》に取り囲まれているのに気づいた。[c]逃げられる希望はまったくなかったので、彼は敵方の兵の手にかかって命を失うよりは先に合戦をやめてはならぬと決意して敵軍の真ん中へ突入した。[d]彼は自決するという日本人たちの風習が不敬かつ邪悪であることを正しく知っていたので、切腹という考えを、デウスの助けによって退けた後、[e]あらゆる努力をもってただもっとも密集した敵軍の真っ只中で戦いながら、敵の手にかかって殺されようとした。彼はこの決意をもって徒歩のまま一心不乱に戦っていた時、[f]内府様側についていた己が友人の甲斐守《〔黒田長政〕》に出会った。[g]彼《〔明石掃部〕》は着ていた衣服と武具によって、ただちに見分けられ、友人としての挨拶を受け、生命のことは構わずに勇気を振るうよう鼓舞された。その時甲斐守はこう言った。どうして明石掃部が、[h]敵たちが射つ《（ママ）〔撃つカ〕》弾丸の雨の中で無事でおれるのか自分はまったく驚かずにはおれぬ。あるいは少なくともこの種の危険にあることが判っていれば、国の風習に従って自決すべきではなかろうか、と。すると明石掃部はこう答えた。自分はデウスに対する畏敬の念から、そのような犯罪行為を非常に恐れた。自分がわざともっとも密集した軍勢の中へ突入したのは、勇ましい軍兵たちの中で戦って敵の手にかかって討死しようとしたのである。もし甲斐守自身の手によって、首級が刎ねられるとしたら並々ならぬ恩義を感じるであろう、と。すると甲斐守は、こう言った。自分はそのような行為には関わりたくない、と。それのみならず（甲斐守）は、i.彼の助命について内府様《ダイフサマ》と非常に熱心に話し合おうと引き受けた。j.そして（甲斐守）は馬から下りると、明石掃部《アカシカモン》がそれを使うことを望み自分は従臣の馬に乗った。

勝利を得て後、甲斐守は誠実さを守った。なぜなら彼は内府様に嘆願して、こう願ったからである。k.明石掃部を助命して、彼を自分の家臣に入れることを許して欲しい、と。内府様は二つの願いを快く容易に許しただけでなく、明石掃部のような非常にすばらしくて栄誉ある人物が、国家のために生き残っていることを知って喜んでいるように思われた。（中略）

l.その後明石掃部は大坂を訪れて、そこで我らの同僚たちから二、三日歓待された。

（【史料24】『イ日報』Ⅰ—三）

関ヶ原の戦場で、明石掃部は、石田三成方の軍勢の最前線で「指揮者」として戦ったが（傍線a）、開戦と同時に裏切った軍勢（小早川秀秋などの軍勢）によって戦場に置き去りにされたため、敵である家康方の軍勢に包囲された（傍線b）。

この記載からは、小早川秀秋などの軍勢が開戦と同時に裏切ったが、そのことを明石掃部は事前にはまったく知らなかったことがわかる。そのために、明石掃部は戦場に置き去りにされたのであろう。明石掃部は宇喜多秀家の重臣であったので、宇喜多隊に属して戦った可能性も考えられるが、「日本の奉行側の軍の第一線で戦っていた人々の指揮者とされたが」（傍線a）という記載からすると、山中エリアに布陣した宇喜多隊からは離れて（山中での開戦は九月十五日午前十時頃）、先手として大谷吉継隊と共に関ヶ原エリアに布陣（関ヶ原での開戦は九月十五日早朝）して戦った可能性が高い（関ヶ原での大谷吉継隊の戦いについては、本書の第六章を参照されたい）。その際、開戦当初に小早川秀秋などの軍勢の裏切りにより、戦場に置き去りにされた、と解釈した方がよかろう。

戦闘中、敵の黒田長政に助けられた明石掃部

そして、こうした状況下、明石掃部は退路を塞がれたため、このまま敵兵にみすみす殺されてはならないと思い、敵兵（家康方の軍勢）の真ん中へ突進した（傍線c）。明石掃部はキリシタンであったため切腹はせずに（傍線d）、「もっとも密集した敵軍の真っ只中」で、徒

歩で戦っていた時（傍線e）、友人ではあったが、敵である家康方の黒田長政に出会った（傍線f）。明石掃部は「着ていた衣服と武具」によって、黒田長政からすぐに明石掃部であると見分けられ、「友人としての挨拶」をされて、勇気を振るうように励まされた（傍線g）。

この時の戦場の状況は、家康方の軍勢から撃たれる火縄銃の「弾丸の雨の中」（傍線h）のような状態であり、火縄銃が多用されたことがわかる。その後、黒田長政は明石掃部の助命を家康に頼むことを約束して（傍線i）、長政は馬から降りて明石掃部に譲り、自分は家臣の馬に乗った（傍線j）。

このこと（黒田長政が自分の馬を明石掃部に譲ったこと）からすると、明石掃部はこの時は徒歩で戦っていたが、本来は馬に乗って戦っていたと考えられ、黒田長政も馬に乗って戦っていたことがわかるので、両者ともに戦闘中は馬に乗って戦ったことは明らかである。この点は、合戦の戦闘中に大名（黒田長政）クラスや大名の重臣（明石掃部）クラスの者が馬に乗って戦ったのかどうか、という問題を考えるうえで、馬に乗って戦ったことを明確に示す証左として重要である。

そして、黒田長政は明石掃部に自分の馬を譲ったのち、家臣の馬に乗ったことから、長政の家臣も馬に乗っていたと考えられる。

合戦の後、長政から家康に明石掃部の助命と長政の家臣として抱えることが許された（傍線k）。それから、明石掃部は大坂で宣教師と会っているので（傍線l）、この時に関ヶ原合戦におけるいろいろな状況を話したと推測され、その話をもとに前掲【史料24】の記載がされたと思われる。よって、その意味では前掲【史料24】の記載内容の信憑性は高いと考えられる。

なお、前掲【史料24】には、家康方の軍勢に騎兵隊が存在したことは記されていないが、「一五九九～一六〇一年、日本諸国記」には、関ヶ原合戦における明石掃部の奮戦に関して「馬をなくしていたので、徒歩で闘いながら敵の騎兵隊に突撃し大いに前進した」（『イ日報』I―(三)）、「火縄銃の弾丸の雨の中を逃げ、かくも強力な騎兵隊の中に突撃し（後略）」（『イ日報』I―(三)）と記されていて、家康方の軍勢に騎兵隊が存在したとしている。この点については、この場合の騎兵隊というのは騎馬隊のことを指しているのか、他の合戦においても騎兵隊（あるいは騎馬隊）の存在が広く確認できるのかどうか、ということも含めて、今後、検討していく必要がある。

家康はだれと対立したのか

関ヶ原合戦の対立軸について、『イ日報』ではどのように規定しているのかを検討したい。

これまでの通説では、関ヶ原合戦の対立軸について、徳川家康vs.石田三成という見解が主流であったが、『イ日報』ではそのような規定はしていない。なお、『イ日報』では、日本語訳の際に訳者が「奉行（石田三成）ら」（『イ日報』Ⅰ―三）というように、（　）内の補注に（石田三成）と入れて、奉行＝石田三成と解釈している。だが、奉行は石田三成だけを指すのではないので、この点は再検討が必要である。

『イ日報』において、関ヶ原合戦の対立軸について記載された箇所をまとめたものが〈表3〉である。〈表3〉を見るとわかるように、家康との対立軸は「諸奉行」（『イ日報』Ⅰ―三、Ⅰ―四、Ⅰ―五）、「九名からなる国家の奉行たち」（『イ日報』Ⅰ―三）、「日本国の奉行たち」（『イ日報』Ⅰ―三）、「奉行たち」（『イ日報』Ⅰ―四）、「奉行ら」（『イ日報』Ⅰ―三）、「太閤が残した奉行たち」（『イ日報』Ⅰ―四）と記されていて、いずれも複数形であり、石田三成という固有名詞は一切出てこない。この場合、複数形になっていることから、「奉行」は一人ではなく複数であることがわかるが、この「諸奉行」などという記載は具体的にだれを指すのかを検討する必要がある。

まず、上述した中で「九名からなる国家の奉行たち」（『イ日報』Ⅰ―三）とはだれなのか、という点であるが、そのあとの記載で「奉行の一人であった（上杉）景勝」（『イ日報』Ⅰ―三）としているので、上杉景勝＝「奉行」ということになり、五大老の一人である上杉景勝を「奉行」としているので、五大老についても「奉行」と記載していることがわかる。とすると、「九名からなる国家の奉行たち」とは、五大老・五奉行のうち家康以外の九名を指していることになる。

この対立軸は、上述した、家康vs.反家康同盟の構図をそのまま踏襲《とうしゅう》したような形であるが、五大老の一人である前田利長、五奉行の一人である浅野長政は、関ヶ原合戦では家康とは交戦状態になかったので、この二人は除外して考えるべきであろう。よって、正確には家康と対立したのは「九名からなる国家の奉行たち」ではなく、「七名からなる国家の奉行たち」（毛利輝元・宇喜多秀家・上杉景勝の三大老と石田三成・増田長盛・長束正家・徳善院玄以の四奉行）と訂正すべきである。

この場合、三大老だけでなく、四奉行も家康との対立軸に含めている点は重要であり、三大老・四奉行を「国家の奉行たち」としている点は（同様の記載として「日本国の奉行たち」〔『イ日報』Ｉ―三〕という記載がある）、三大老・四奉行が秀頼を直接推戴して、「国家」権力である豊臣公儀の最高構成メンバーであったことを示している。逆に言えば、家康は、「国家」権力である豊臣公儀と敵対したということになる。

また、〈表３〉からは、家康との対立軸として「（秀頼の）後見人のうちのほかの三名」（『イ日報』Ⅱ―一二）、「他の三人の後見役」（『イ日報』Ⅱ―一二）、「三人の競争相手」（『イ日報』

〈表3〉『十六・七世紀イエズス会日本報告集』における関ヶ原合戦の対立軸についての記載箇所

記載内容	掲載巻
この頃、都では内府様（家康）と奉行らの間で造反や戦さが生じた	I—3
内府様（家康）と諸奉行両軍間の野戦	I—3
日本全土は二軍に分かれた内戦によって燃え上がったが、その一方は九名からなる国家の奉行たちが指揮し、他に大勢の諸侯がいた。もう一方の軍勢の大将は内府様（家康）であったが、彼は己が領国である関東に留まって、奉行の一人であった（上杉）景勝と戦さをしていた	I—3
内府様（家康）は、日本国の奉行たちに対する光栄ある勝利が（後略）	I—3
内府様（家康）が奉行たちの軍勢（に対して）首尾よく行なった合戦	I—4
奉行側に対する戦さ	I—4
内府様（家康）が諸奉行の軍勢と戦って得た、あの大勝利	I—4
内府様（家康）は諸奉行と交えた先の戦さの折に（後略）	I—4
太閤が残した奉行たちと、現在の統治者内府様（家康）との間におよそ二年前にあった先の戦さ	I—4
内府様（家康）の《ママ》（「と」カ）奉行たちの間にあった戦さ	I—4
奉行たちとの戦さ	I—4
（家康に対する）諸奉行の戦さ	I—5
現在の公方（家康）に対する諸奉行の戦さ	I—5
今の日本の君主で公方となった内府（家康）に対する秀頼方からの攻撃という為政者間の戦さ	II—1

太閤（秀吉）の命によりその息子秀頼に付された自分（家康）を含む**（秀頼の）後見人のうちのほかの三名（毛利輝元・宇喜多秀家・上杉景勝）を打ち負かした例の戦さ**	Ⅱ—2
（次のように家康は）言った。「**秀頼自身の扇動により他の三人の後見役（毛利輝元・宇喜多秀家・上杉景勝）が彼（家康）の命をねらって陰謀を企てた**のであり、（中略）」と	Ⅱ—2
三人の競争相手（毛利輝元・宇喜多秀家・上杉景勝）を易々と服従させ、天下の戦さで日本全国、すなわち三十六《ママ》カ国（六十六カ国ヵ）を掌中に収めた（中略）人物（家康）	Ⅱ—2
内府（家康）との戦さで敗れた**三人の奉行（毛利輝元・宇喜多秀家・上杉景勝）**	Ⅱ—2
内府（家康）が他の三人の（秀頼の）後見人（毛利輝元・宇喜多秀家・上杉景勝）を倒して勝利者となり、日本全国を己の掌中に収めるのを（秀頼が）目の当たりにして（後略）	Ⅱ—2
内府（家康）が（日本の）主権者の地位を争うためにおこなった他の二回《ママ》（一回ヵ）**の戦さ**	Ⅱ—2
内府（家康）に対する第一《ママ》回目の戦さ	Ⅱ—2

＊表中、掲載巻を示すⅠ—3、Ⅰ—4、Ⅰ—5、Ⅱ—1、Ⅱ—2の各略称は以下のようになる
Ⅰ—3…『イ日報』Ⅰ—3
Ⅰ—4…『イ日報』Ⅰ—4
Ⅰ—5…『イ日報』Ⅰ—5
Ⅱ—1…『イ日報』Ⅱ—1
Ⅱ—2…『イ日報』Ⅱ—2

＊表中における太字は、〈表3〉の作成にあたり対立軸をわかりやすく理解するため、筆者（白峰）が付した

＊『イ日報』では、訳者が日本語訳の際に補足した注記が（　）内に記されているが、〈表3〉において『イ日報』から文章を引用した場合は、その訳者の注記を省略して引用し、文脈上必要な場合は、筆者（白峰）が（　）として、独自に意味を補足した

Ⅱ—二)、「三人の奉行」(『イ日報』Ⅱ—二)、「他の三人の(秀頼の)後見人」(『イ日報』Ⅱ—二)という記載もあり、この場合、「三人」(あるいは「三名」)という人数が具体的にわかる。この「三人」については、これらの記載から、秀頼の後見人(後見役)のうち、家康以外の三人ということになる。

権力闘争から武力闘争へ

秀吉が死去に先立って秀頼の後見役を指名したことについては、「一五九九年度日本年報」に「家康に〔秀吉は〕主君(秀頼)の後見役と、日本国全土の統治を任せ、その同僚として四名の重立った家老を与えた。〔秀吉〕彼はこうすることによって多くの者がこの栄誉に参画し、国家を統治する権力においては同等のようにして互いに平和を保つようにした」(『イ日報』Ⅰ—三)と記載されている。

この記載からは、家康が秀頼の後見役に秀吉から指名され、「四名の重立った家老」も「その同僚」としているので、同様に秀頼の後見役に秀吉から指名されたことになる。この家康と「四名の重立った家老」の合計五人は五大老を指すと考えられるが、五大老は「国家を統治する権力においては同等のようにして」としているので、秀吉の意図としては、五大老の権力を同等にしたのであり、家康だけが突出した権力の行使を秀吉から認められたのではなかった。その意味では、家康が恣意的な政治行為をおこなった場合は、他の大老が牽制したり、他の大老と対立する結果になるのは明白であった。

このように、秀頼の後見役は五大老であることがわかるので、家康以外の大老は四人ということになる。それが、上述のように、家康との対立軸として「(秀頼の)後見人のうちのほかの三名」などという記載になっている理由を考えると、次のようになる。

五大老とは、徳川家康、毛利輝元、宇喜多秀家、上杉景勝、前田利長（父の利家は慶長四年〔一五九九〕閏三月に死去）の五人であり、関ヶ原合戦の時点では、前田利長は家康とは交戦状態にはなかったので、その前田利長を除外すると、残りの家康以外の三人である毛利輝元、宇喜多秀家、上杉景勝が「(秀頼の)後見人のうちのほかの三名」に該当することになる。

よって、関ヶ原合戦に関して軍事的な意味での対立軸は、家康vs.三大老（毛利輝元・宇喜多秀家・上杉景勝）という大老間での武力闘争ということになる。実際、「今の日本の君主で公方となった内府（家康）に対する秀頼方からの攻撃という為政者間の戦さ」（『イ日報』Ⅱ―一）という記載があり、家康に対する「秀頼方からの攻撃」というように明記されている。

このことは、豊臣公儀の側に立つ三大老（毛利輝元・宇喜多秀家・上杉景勝）・四奉行（石田三成・増田長盛・長束正家・徳善院玄以）が直接、秀頼（＝秀吉の後継者）を推戴していることを示しており、逆に家康は秀頼を推戴しておらず、豊臣公儀である「秀頼方」に敵対する立場であったということになる。「為政者間の戦さ」という記載は、軍事的に見れば、大老間（家康vs.毛利輝元・宇喜多秀家・上杉景勝）での権力闘争（政治闘争）が武力闘争（軍事闘争＝戦争）に発展した、ということを明確に示しており、関ヶ原合戦の本質を考えるうえで重要である。

なお、三大老（毛利輝元・宇喜多秀家・上杉景勝）の中で中心となって反家康の主導的役割を果たしたのは、毛利輝元であった。

この点については、毛利輝元の大坂在城の状況について「城《〔大坂城〕》には毛利（輝元）殿が住んでいた。彼《〔毛利輝元〕》は当時、先に内府様《〔家康〕》が就いていたのと同じ栄誉職にあって〔つまり公儀職の頭で、奉行頭のような役目を司っていた〕、内府様が戦争の勃発する前に住んでいたのと同じ邸《〔大坂城西の丸〕》に滞在していた」（『イ日報』Ⅰ―三）と記されていて、家康を公儀から放逐したあと、毛利輝元が大老筆頭として大坂城西の丸に所在した、としていることから明確に理解できる。

関ヶ原合戦の対立軸をどう規定すべきか

以上のように考えると、関ヶ原合戦における対立軸は、政治闘争という点では、家康vs.

「国家」権力である豊臣公儀の最高構成メンバー（三大老・四奉行）であり、軍事闘争という点では、大規模な軍事動員が可能な大大名である大老間（家康vs.毛利輝元・宇喜多秀家・上杉景勝）での戦争という性格が強かった、というように規定できる。

ただし、関ヶ原合戦の時点で家康が大老であったのか否かという点については、七月に秀頼を直接推戴した石田・毛利連合政権が成立し、家康を「政治から放逐」（『イ日報』I―三）し、「国家のすべての政務から閉め出して」（『イ日報』I―三）しまったので、関ヶ原合戦の時点（九月十五日）で家康が大老としての公的地位にはなかったことは明らかである。

関ヶ原合戦における対立軸は、現在の通説では、徳川家康vs.石田三成という対立軸でとらえられているが、これは当時、家康が豊臣公儀から排除されていたことを糊塗《こと》するために、石田三成一人を悪役に仕立てあげて、本来の対立軸を矮小化しようとした後世の徳川史観（徳川家〔江戸幕府〕による政治支配が歴史的に見て正統なものであるとする後付けの歴史観）の影響を受けたことによると考えられる。つまり、家康と実際に敵対したのは石田三成一人ではなく（三成は首謀者の一人ではあったが）、「国家」権力である豊臣公儀そのものであった、ということが、『イ日報』の記載内容から理解できる。

前章と本章において指摘したように、『イ日報』に記載された関ヶ原合戦に至る政治過程や関ヶ原合戦の実戦の状況については、日本側の史料に記載されていない事項もあるので、その点で貴重である。

また、『イ日報』は、後世の江戸時代における徳川史観のバイアスがかかっていない点から、客観的な記載内容であると見なすことができる。よって、今後は関ヶ原合戦の実像を検討するうえで、前章と本章において指摘できた諸点についても考慮すべきであろう。

《補論》慶長五年、九州における黒田如水の動き

関ヶ原合戦に関連して、慶長五年（一六〇〇）の九州における黒田如水《じょすい》（孝高）の動向については、「（黒田）シメアン（如水孝高）の息子甲斐守（長政）は内府様の側についた。国主（黒田）シメアンはそのことに非常に驚き、いかに処すべきか躊躇した。なぜなら、もし彼〔黒田如水〕が奉行らに味方すれば、彼が治めていた領国〔豊前国中津〕の（主である）我が子と対決することになり、またもし奉行らと対峙すれば、領国が破壊の危険に曝されるからであった。（中略）結局、彼は内府様に味方することを決め、人員を集めて領国の幾つかの地域を強化し始めた」（『イ日報』I—三）と記載されている。

この記載からは、

①黒田如水は、息子の長政が家康に味方した時点では、石田・毛利方につくのか、あるいは家康方につくのか決めていなかった
②そのため、長政が家康に味方したことに非常に驚き、如水自身はいかに対応すべきか決められなかった
③その理由は、如水が石田・毛利方に味方すれば、息子の長政と対戦することになり、家康方に味方すれば領国が危険になるからであった
④その後、ついに如水は家康方に味方することに決めた

ということがわかる。

つまり、黒田如水は当初、どちらにつくのか決めておらず、長政が家康方についた時点で非常に驚いて、どちらにつくか即決できず、一定のタイムラグがあったのちに家康方につくことになった、という経過がわかる。

このことは、如水が早くから家康に味方したとする通説とは異なっているが、如水が熱心なキリシタン大名であった点を考慮すると、この宣教師側の史料内容は信憑性が高いと

思われる。

拙著『新「関ヶ原合戦」論』において、「八月一日付吉川広家宛黒田如水書状」（『大日本古文書』〈吉川家文書之二〉、九五〇号文書）の内容分析から、如水は八月一日の時点では、石田・毛利方につくのか、家康方につくのか、いまだその去就を決していなかった、と指摘したが、『イ日報』における如水の動向に関するこの記載は、拙著『新「関ヶ原合戦」論』での上述の指摘を裏づけるものと言えよう。

黒田如水が九州で軍事行動をおこなった際、居城の中津《なかつ》城を出陣した時の軍勢について、『黒田家譜《くろだかふ》』では、黒田長政が上杉討伐のために東国へ発向《はっこう》して、黒田家の家臣を数多く召し連れたので、中津に残った家臣数が少なかった。そのため、黒田如水が急遽、金銀を与えて、貴賤《きせん》を選ばず募兵《ぼへい》して三六〇〇余人を召し抱えた、としている（貝原益軒編著『黒田家譜』）。

しかし、実際には、黒田長政が上杉討伐のために出陣した際の兵力数は一三〇〇であり（拙著『新解釈　関ヶ原合戦の真実』）、それほど多かったわけではないので、中津には多くの黒田家家臣が残っていたことになる。『イ日報』では、黒田如水は「日本の慣例に従って領国を息子甲斐守（長政）殿に譲った後も、（中略）〔長政の〕不在中は領国を治めていた」（『イ日報』I―三）のであり、「豊前の国に八千の軍勢を有したので（中略）その軍勢を内府様〔家康〕の敵たちがいた豊後の国の方へ率いて行った」（『イ日報』Ｉ—三）と記されている。

つまり、黒田如水は長政に領国を譲ったあとも、長政の不在時には、依然として豊前の「国主」（『イ日報』Ｉ—三）であり、如水が出陣した際の八〇〇〇の兵力は本来の黒田家の軍勢（家臣など）であったことになる。よって、上述のように、如水が金銀で急遽、募兵したという話は虚偽《きょぎ》であることがわかり、こうした話が創作された背景としては、『黒田家譜』編纂の過程で如水の〝超人的〟能力（如水の才覚で、またたく間に兵力を集め、勝利したという架空の話）をでっちあげて、如水の〝英雄伝説〟をつくろうとした意図があったと推測できる。

なお、黒田如水が国許（中津）において、多くの軍勢を有していたことは、「（慶長五年）八月二十五日付黒田長政宛井伊直政書状」（『黒田家文書』一巻〈本編〉、三〇号文書）に「この度《たび》は、国許において、特に入念に（黒田如水が）軍勢を多く抱えて」（「今度於御国本ニ、別而御精ニ被入、殊御人数数多御抱被成」）と記されていることからも確認できる。

また、石垣原《いしがきばる》の戦いで黒田如水と対戦した大友義統《おおともよしむね》の動向については、「奉行たちは同じ豊後の国へ、かつての豊後の国主（大友）フランシスコ（宗麟）の息子（吉統）（彼は二、三年の間、太閤様の命令によって都《ミヤコ》に引き留められていた）を遣わし、その領国の正統の国主として、その家来たちとともにいっそう容易に（黒田）官兵衛殿の攻撃を撃退させようとした。この新しい豊後の国主〔大友義統〕は、四千の軍勢を率いて豊後へ到着するやいなや（黒田）官兵衛殿の侵攻を知らされ、引き続いて合戦〔石垣原の戦い〕となった」（『イ日報』I—三）と記載されている。

この記載からは、大友義統は「奉行たち」すなわち、豊臣公儀から豊後国に遣わされた「正統の国主」であり「新しい豊後の国主」であったことがわかる。つまり、大友義統は正式に豊臣公儀から「新しい豊後の国主」に任じられたということになり、その意味では、大友義統が旧領を回復するために豊後国へ来て挙兵した、とする通説は誤りであることがわかる。

この点については、拙著『新「関ヶ原合戦」論』において、「七月晦日付斎藤利宗宛松井康之・有吉立行連署状」（『松井文庫所蔵古文書調査報告書』二、四二二号文書）、「八月二十八日付松井康之・有吉立行宛加藤清正書状」（図録『松井家三代』）などの内容検討をもとに、同様の指摘をおこなった。

そのほか、通説では、豊後国へ下った大友義統は、急遽、旧家臣を集めて挙兵した、と説明されることが多いが、上記のように「四千の軍勢を率いて豊後へ到着するやいなや」と記されているので、大友義統は豊後国へ来た時点で、すでに四〇〇〇の軍勢を率いていたことがわかる。この四〇〇〇の軍勢は、豊後下国に際して、豊臣公儀から大友義統に付けられた軍勢であると思われる。

第四章　大垣城攻防戦に関する保科正光の戦局シミュレーション

前章（第三章）では、関ヶ原合戦の当日から直後の動きを追った。本章ではそれより少し時間を遡り、この戦いに至る重要な出来事を見ていく。

慶長五年（一六〇〇）八月二十三日の岐阜城攻めで、同城を落城させた家康方軍勢（福島正則、池田輝政など）は、その三日後の八月二十六日から、後述のように、宇喜多秀家、石田三成、小西行長などの諸将が籠城していた大垣城への攻囲戦を開始した。

九月一日、家康は江戸城を出陣して西上の途についた。従来は、岐阜城陥落《かんらく》の知らせを受けて家康が江戸城から出陣し、西上を開始したと理解されてきたが、九月朔日付浅野長政宛徳川家康書状に「大垣城に石田三成・宇喜多秀家・島津義弘・小西行長が籠城し、（家康方の）「先衆」が大垣城を包囲した、という注進を受けて、本日（九月一日）出馬した」と記されているように、大垣城を攻撃するために家康は江戸城から出陣したのである。

その意味では、大垣城攻防戦の勝敗の行方が、その後の戦局を左右する重要な戦いであったことがわかる。そして、その後の九月十五日の関ヶ原合戦（つまり野戦）が、当初はまったく想定されていなかったこともわかるのである。

この大垣城攻防戦の実態を知るために、本章では、二通の保科正光《ほしなまさみつ》書状から読み取れる諸点について考察をおこないたい。この二通（【史料25】【史料26】）はともに、八月二十九日付の保科正光書状であり、宛所はそれぞれ異なる家臣に宛てたものである。

内容的には、以下に記すように徳川家の譜代《ふだい》家臣として、保科正光が八月末（慶長五年八月は小の月であり、二十九日が末日〔最終日〕になる）の時点における戦況を徳川サイドの視点から冷静に分析・報告した内容であり、特に【史料25】は、長文の文書で内容は詳細なものである。そうした理由から両文書の内容紹介を本章で取り上げることにする。

保科正光書状に記された大垣城攻防戦

（原文）

追而廿三日、こうとの渡しニて合戦ハ（　　）偏甲斐守殿一身入手柄（　）

いしよし中来候間、御心安可被（　　）、思召候、以上、

度ゝ御状何れも参着仕候、其表万方御静謐之由心安存候、殊御煩気近日御平喩之由満足此事（「候」脱ヵ）、一（ママ）上方之様子先段　中納言様御使者ニ書状託申候間、定而参着可仕候、昨日両三度御先手より御注進之分ハ、a.大柿之城、石田治部少輔・備前中納言殿・筑前之中納言殿・島津兵庫助・小西摂津守、其外　秀頼様御馬廻衆も随一之衆五三輩楯篭（ママ）候、此方之御人数被取寄、去廿六日より被致付城被取詰候、b.城中之衆より安芸之森方へ致後詰候得（「之」脱ヵ）由飛脚参候処ヲ、虎口場にて生取、則御注進候、天下之落居

只此城一城ニ候上ハ、西国衆致後詰候ハん哉、御味方之人数着到七万之積御座候間、大形之事ニ而ハ後詰ハ難叶かと存候、乍去御味方中之人数、勝ニ乗候而余ニ敵ヲみこなし候之間、是事あやうく存候、後詰より内ニ　内府様御着馬ニ候ハんかと存候、内府様御馬さへ清須へ着候者、後詰之儀も存知寄間敷候、其上大柿ニ篭候人数弐万余有之候由申候間、小城ニ而さやう之人数楯篭《(ママ)》候者、輙詰候ハんと存候、さよう候ハヽ、天下之御本意程有間敷候、此上ハ関東表も弥御静謐と候ハんかと存候、然共其元被御覧《(ママ)》合、佐竹より人数立候ハす者、先ゝ一往女共之儀ハ其許へ被召寄候て可被下候、意趣ハ自然万ゝ一向美濃口ニ致後詰候者、大柿之城落城前ハ対陣ニ而候ハん歟と存候、然則天下之弓箭此時ニ極候間、佐竹・景勝なと談合候而、関東筋へ手合候ハん歟と存候、さよう砌女共なと江戸へ参候者、下ゝさハきたち、留守中人すくなに候間、収納かた已下之さハりに可罷成候、其節在所筋さハくと申候者、爰元之夫丸・中間已下も闕落候ハんかと存候間、先静ニ候折節、女共其許へ参候へハ、自然さハき候砌ハ家中之者共、妻子其外或小源次或岩窪なと計之しまつハ多安候、其上留守中之者計残候而、収納之しまつ肝要かと存候、其程迄ハ有間敷候へ共、兼日之為御仕置ニ候間、如此申候、若女共被召寄候者、笑儀ニ候共、先一往在所へ被成御出候而、此方より申越候とハ御無用ニ候、本佐より之指図と被仰候而、先女共御先様江戸へ被遣、五三日も御残候而、其上江戸へ御越御尤候、留守中之者共之かたへハ何共不申遣候、是も此方より指図なきようにと存候、只其元より本佐之御内儀と被仰候而可被下候、とかく[g]天下之勝負大柿一城ニ極候間、三十日之間たるへく候、とかく御煩さへ少も御平喩ニ候者、早ゝ多胡へ御出候而、仕置等被仰付候而可被下候、かようにハ申候へ共、[h]佐竹より人数たふ〳〵と立候へハ安堵ニ而候、縦人数立[i]候共、五百千之間ニ而候者、只時之首尾計と可被思召候、森さへ後（詰ヵ）引と申候者、佐竹・景勝も少ハ手出シ候ハんと可被思召候、恐惶謹言、

肥後守
正光（花押）

八月廿九日

黒河内長三殿

*史料原文において、欠損または判読不能の箇所は（　　　）で示した。

（現代語訳）

度々《たびたび》の書状がいずれも参着した。そちら（＝江戸）では、方々で平穏とのことで、安心している。特に（黒河内長三の）病気が最近、よくなったとのことで満足している。上方の様子は、以前、徳川秀忠の使者に書状を託したので、きっと（そちら〔江戸〕に）

参着するであろう。昨日（八月二十八日）、両三度、（家康方の）先手《さきて》より注進があった内容は（以下の通りである）。大垣の城に石田三成、宇喜多秀家、小早川秀秋、島津義弘、小西行長、そのほか、秀頼様の御馬廻《おうままわり》衆の中で精鋭の衆数人が立て籠もっている。家康方の軍勢が（大垣城に）攻め寄せて、去る（八月）二十六日より付城《つけじろ》をつくって厳しく攻めている。（大垣城の）城中の衆より安芸《あき》の毛利方へ後詰《ごづめ》をするように、という飛脚が来たところを虎口《こぐち》場にて生け捕り、すぐに（このことを）注進した。天下の（勝敗の）決着がつくことは、ただこの城（＝大垣城）一城に（かかっている）うえは、（毛利秀元などの）西国衆が後詰をするのであろうか。（大垣城を攻囲している）家康方の軍勢の着到《ちゃくとう》は七万の見積りであるので、大方のことでは、後詰は叶い難いのではないかと思う。しかし、家康方の軍勢は勝ちに乗って、あまりに敵をみくびっているので、このことはあぶない、と思っている。（敵の）後詰より前に、家康が着馬するのではないか、と思う。家康の馬さえ清須（城）へ着けば、（敵は）後詰のことも考えないであろう。そのうえ、大垣（城）に籠っている軍勢が二万余いる、とのことなので、（大垣城のような）小城にて、そのような（数の）軍勢が立て籠もっていては、すぐに詰まる（＝いっぱいになる）だろうと思う。そのようであれば、（家康が）天下（を取ること）の望みは程なくであろう。このうえは、関東表《おもて》もいよいよ御静謐となるであろうか、と思う。しかし、そちら（＝江戸）で見合わせて、佐竹義宣《さたけよしのぶ》より軍勢を遣わさないのであれば、まずまず一応、女共のことは、（国許〔下総《しもうさ》国多胡《たこ》〕から）そちら（＝江戸）へ召し寄せるように。その理由は、もし万々一、美濃口に向い（敵が）後詰をしたならば、大垣の城が落城するまでは、対陣（＝敵と向かい合って陣取ること）になるのではないか、と考えている。よって、天下の戦い（＝天下をかけた戦い）は、この時に極まるので、佐竹義宣・上杉景勝などが相談して、関東筋へ手合せ（＝合戦で勝負を決すること）するのではないかと思う。そのような時に、女共などが（国許〔下総国多胡〕から）江戸へ来たならば、下々が騒ぎはじめ、留守中は（国許〔下総国多胡〕では）人が少ないので、収納（＝米の取り入れ）方以下の差し支えになるであろう。その時、在所筋が騒ぐと、こちら（＝保科正光が在番している浜松《はままつ》城）の夫丸《ぶまる》（＝人足）・中間《ちゅうげん》以下も欠《か》け落《お》ち（＝逃げること）するのではないかと思うので、まず静かになっている時に（国許〔下総国多胡〕から）女共がそちら（＝江戸）へ行けば、もし騒いだ時は、家中の者共の妻子、そのほか、あるいは小源次、あるいは岩窪などばかりの始末はたやすい。そのうえで、（国許〔下総国多胡〕で）留守中の者ばかりが残って収納の始末をするのが肝要かと思う。それほどまで（のことは）ないだろうが、日頃の御仕置《おしおき》のためなので、このように述べるのである。もし、（国許〔下総国多胡〕から江戸へ）女共を召し寄せるのであれば、笑われてもまず一応在《ざい》所《しょ》（＝国許〔下総国多胡〕）へ（黒河内長三が）出て、保科正光から申し越《こ》したとは言わず、（実際にはそうではないが）本多《ほんだ》正信《まさのぶ》よりの指図と言って、まず女共を先に（国許〔下総国多胡〕から）江戸へ遣わして、（黒河内長三は）数日残って、そのうえで江戸へ行くように。（国許〔下総国多胡〕で）留守中の者共の方へは、（保科正光からは）いずれとも申し遣わさない。これも自分（＝保科正光）からは指図しないようにと考えている。ただ、そちら（＝黒河内長三）より（実際にはそうではないが）本多正信からの内密の事柄である、と言うように。とにかく、天下（を取れるかどうか）の勝負は大垣一城（を攻略できるかどうかで）決まるので、（勝敗の決着がつくのは）三〇日の間であろう。とにかく、（黒河内長三の）御煩いさえ少しでも平癒《へいゆ》したら、早々に（国許の）多胡（下総国）へ行き、仕置等を申し付けるように。そのように言っても、佐竹義宣より軍勢を「たふたふ」（＝手ごたえがない、という意味カ）と出してくれれば安堵（する気持ちである）。たとえ、（佐竹義宣から）軍勢を出してきても五〇〇～一〇〇〇の間であれば、ただ時の首尾（＝その時の成り行き）ばかりであると思うように。毛利（秀元）さえ後（詰カ）を引くというのであれば、佐竹義宣・上杉景勝も少しは手出しをするのではないか、と思うように。恐惶謹言。（後略）

（追伸）なお、（八月）二十三日に合渡《ごうど》（川）の渡しにおける合戦は（　　　）ひとえに黒田長政一身の手柄（　　　　　　）ということを申して来たので安心して（　　　　　）するように。以上。

（【史料25】〔慶長五年〕八月二十九日付黒河内長三宛保科正光書状写）

この書状は、徳川家家臣の保科正光（下総国多胡城主、一万石）が家臣の黒河内長三に宛てて出した書状の内容である。「保科御事歴」によれば、黒河内長三はこの頃、江戸に居住していた、としている。この時、保科正光は遠江《とおとうみ》国浜松城（城主は堀尾《ほりお》忠氏《ただうじ》）に在番していた。よって、浜松城にいる保科正光が、江戸にいる家臣の黒河内長三に宛てて出した書状ということになる。ちなみに、八月二十三日、家康方の福島正則・池田輝政などの軍勢の攻撃により、石田三成方の織田秀信が城主である岐阜城は落城している。こうした家康方の有利な戦況下において、この書状が出されたことには留意する必要がある。

小早川秀秋は大垣城に籠城した

上記の書状内容（原文）において、ポイントと思われる点に傍線を引き、それぞれａ～ｉで示した。

まず、傍線aでは、八月二十八日付の先手からの注進として、大垣城に籠城している石田三成方の諸将の具体名を列挙している。この中で、宇喜多秀家と小早川秀秋だけが殿付《とのづけ》で記されているが、これは豊臣氏との関係から別格扱いになっていると考えられる（宇喜多秀家の正室・豪《ごう》姫は秀吉の養女、小早川秀秋は秀吉の正室・北政所の甥）。

通説では、小早川秀秋が大垣城に籠城した部将としては扱われていないが、傍線aでは、八月二十八日の時点で、石田三成、宇喜多秀家、島津義弘、小西行長とともに、小早川秀秋が大垣城に籠城していた、としている点は注目される。この情報は、家康方の先手からの注進によるものであるから、情報としての確度は高いと考えられ、その後の問題として、小早川秀秋がどこから関ヶ原の戦場へ向かったのか、ということを考えるうえで重要な意味を持つ。

そして、八月二十八日の時点で、徳川サイドの保科正光から見て、小早川秀秋が敵対する部将として認識されていた、という点も注目される。

秀頼様の御馬廻衆の「随一之衆五三輩」というのは、秀頼の馬廻衆の精鋭部隊という意味であろう。大垣城に秀頼の馬廻衆も籠城している、というのは、豊臣公儀の直属部隊が籠城している、ということを意味しており、その意義は大きいものがある。

家康方の軍勢が大垣城を攻撃中であり、八月二十六日より付城を構築して大垣城を攻撃している、としている。付城がいくつ構築されたかは記されていないが、八月二十六日から大垣城に対する攻囲戦が開始されたことがわかる。ちなみに、八月二十六日は、家康方軍勢による岐阜城攻めの三日後にあたる。

石田三成方（豊臣公儀方）の諸将が籠城する大垣城を、家康方の軍勢が付城を構築して攻撃する、という構図は、城攻めの定石《じょうせき》（基本的セオリー）である。ただし、上記の【史料25】には、大垣城を家康方の軍勢が包囲したという記載はないが、後述するように、後掲の【史料26】には、包囲したという記載があるので、大垣城を包囲して攻撃（＝攻囲）していたことがわかる。

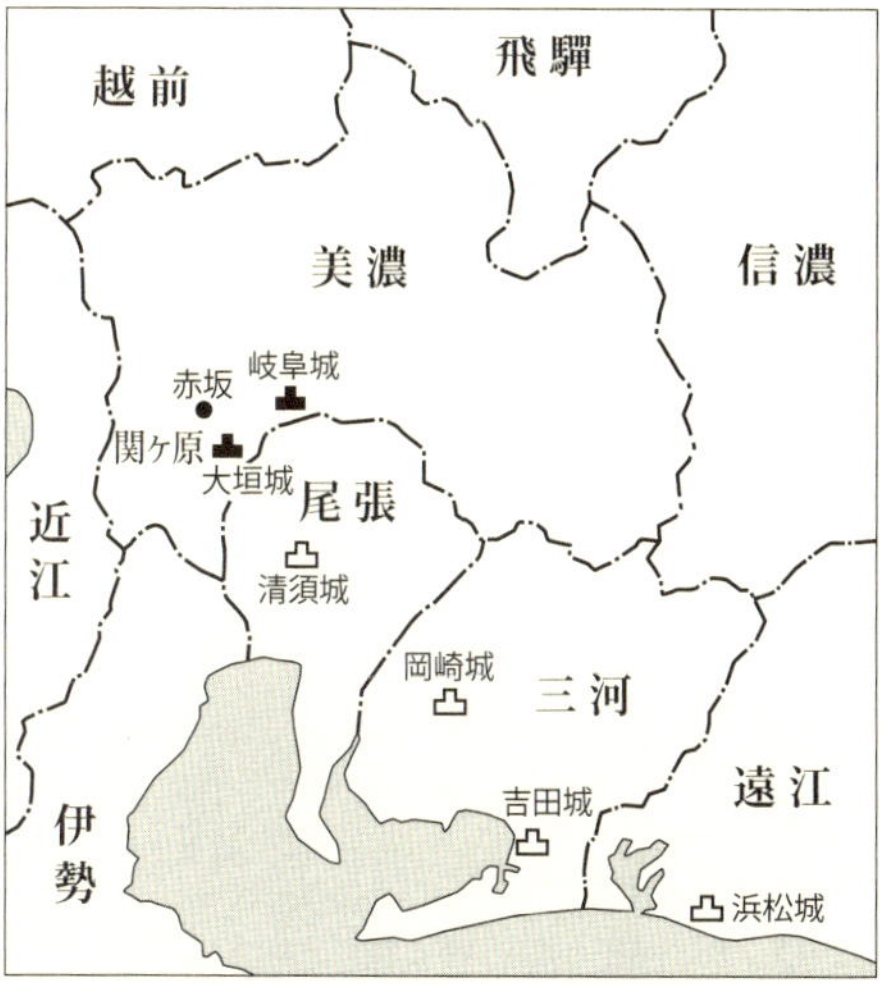

美濃・尾張・三河・遠江の関係城郭分布図

大垣城から毛利秀元への後詰要請

傍線bは、大垣城に籠城している諸将が、毛利方に後詰をするように要請《ようせい》した、という記載である。この場合の毛利方とは、南宮山に布陣した毛利秀元を指すと考えるのが妥当であろう。

とすると、この生け捕られた飛脚以外に後詰を要請する他の飛脚が毛利秀元のもとへ届いていたと仮定すれば、毛利秀元が南宮山に布陣した目的は、家康方の軍勢に攻撃されている大垣城に籠城する諸将を後詰として救援することにあった、ということになる。毛利秀元麾下の吉川広家《きつかわひろいえ》が、伊勢の津《つ》城を攻撃して陥落させたあと、美濃方面に出陣して、南宮山に陣取りをしたのが九月七日であるので（「（慶長五年）九月十二日付祖式長好宛吉川広家書状」、『大日本古文書』〈吉川家文書別集〉、六〇九号文書）、この保科正光書状が出された八月二十九日の時点で、大垣城に籠城している諸将から毛利秀元に対して後詰の要請がすでに出されていて、毛利秀元がその七日後に南宮山に布陣した、ということは、時間の経過としては整合する。よって、大垣城に籠城している諸将からの後詰の要請により、毛利秀元が南宮山に布陣した、という可能性は十分考えられる。

この後詰を要請する飛脚を、（家康方の軍勢が）生け捕って得た情報を注進した、としているが、この注進は、この時点で江戸にいる家康に対する注進と思われ、当時、浜松城に在番していたことから、保科正光が知ることになったと考えられる。つまり、江戸にいる家康への注進は、東海道の諸城に在番していた徳川家家臣の間をリレー形式のように伝達したと推測され、こうした点にも、東海道の諸城に徳川家家臣が在番する意味があったのであろう。

なお、飛脚を生け捕ったのを「虎口場」としているが、この場合の「虎口」とは「城の出入り口」の意味ではなく、「戦争の際の危険な戦闘、あるいは、衝突」（『邦訳日葡』）という意味であると考えられ、なんらかの戦闘状態の中で、後詰を要請する飛脚を生け捕ったということになる。

「天下之落居」（傍線b）は、この大垣城一城にかかっている、としているのは、大垣城をめぐる決戦が、天下の行方を左右する両陣営（家康方の軍勢と石田三成方の軍勢）の一大決戦になると、保科正光が予想していたことになり、西国衆が後詰をするかどうか、重大な関心を持って注視していたことがわかる。

傍線cは、毛利秀元による後詰の可能性について、兵力格差の点からその実現性に疑問を呈しているのであるが、この指摘からは、攻城側の兵力が後詰をする兵力よりも圧倒的に多い場合は、後詰は実現しない、というセオリーがあったことを示唆している。

この場合、攻城側（＝家康方の軍勢）の兵力数を七万人としているので、後詰としての毛利秀元の兵力数を、それよりもかなり少なく推定していたことになる。この書状が書かれた八月二十九日の時点では、家康はいまだ江戸城にいたが、家康が出陣して今後、清須城に到着すれば、後詰の実現の可能性はさらに低くなる、と想定している。その理由として推測できるのは、現時点でもかなりの兵力差があり、家康が着陣すれば、さらに兵力差が開いて、

保科正光像（建福寺蔵）

後詰の可能性が低くなる、という意味ととらえられる。

味方の軍勢（＝家康方の軍勢）が勝ちに乗じて、敵（＝石田三成方の軍勢）をかなりみくびっているが、そうした状況は逆に危ない、という指摘は、同月二十三日の岐阜城落城後の有利な戦況が持続するものではなく、敵に逆転される可能性を含んでいる、という意味にとることができる。このように、家康サイドの保科正光が、この時点での戦況を決して楽観視せず、冷静に分析していた点は注目される。

佐竹義宣・上杉景勝の関東出兵を予測

傍線dでは、大垣城のことを「小城」と指摘している点が重要であり、当時の大垣城の城主伊藤盛正《いとうもりまさ》の石高が三万石であったことを考慮すると首肯《しゆこう》できる指摘である。

近年の関ヶ原合戦関連の概説書では、大垣城の紹介をする場合、江戸時代の大垣城天守をモデルにした現在の〝復興〟天守の写真などを紹介して、大垣城がいかにも広大な城であったかのようなイメージを植え付けているが、当時の大垣城が「小城」であったということを勘案すると、そうしたイメージが歴史認識として正しいものではないことがわかる。

そして、大垣城に籠城している軍勢の人数を、二万人余としている点も重要である。このことは、上述のように、大垣城を攻撃している家康方の軍勢が七万人であるから、攻城側七万人対籠城側二万人余という対比になることを示している。つまり、この時点で大垣城周辺に展開する両陣営の兵力数にはかなりの差があり、攻城側兵力数が籠城側兵力数の三・五倍であったことがわかる。

傍線部dでは、大垣城の規模と籠城兵力数の妥当性について、大垣城のような小城に二万人余が籠城すると、すぐにいっぱいになる、と指摘している。つまり、小城である大垣城に収容能力を超える人数（二万人余）が籠城しているため、籠城側にとってかえって不利になる、という見通しを述べたものであろう。

結果的には、石田三成をはじめとした籠城側の諸将は大垣城から出て、関ヶ原（山中）で家康方の諸将に決戦を挑むことになるのであるが、籠城側の諸将が長期間の籠城戦をせず、なぜ大垣城から出て、野戦《やせん》で決着をつけようとしたのかを考えるうえで、保科正光による上

佐竹義宣像（天徳寺蔵、画像提供：秋田市立佐竹史料館）

記の指摘は重要なヒントになるであろう。

傍線eは、万一、（可能性は低いが）毛利秀元が大垣城を救援するために出陣して、後詰をおこなった場合、家康側の軍勢は、大垣城を落城させるまで、向かい合って対陣することになる。その結果、対陣が長期化すると、佐竹義宣・上杉景勝などが共闘して、関東へ出兵してくることを危惧しているが、この時点で、佐竹義宣・上杉景勝を徳川家に対する敵対勢力と認識していた点は重要である。

また、関東に所領があり、徳川家家臣である保科正光が、佐竹義宣・上杉景勝の関東への出兵を、この時点で、現実味があるものと想定していたことは注目される。「天下之弓箭」がこの時に極まる、と記しているのは、毛利秀元が後詰をおこなうと、大垣城をめぐる攻防戦がその後の天下支配の行方をも左右するような両陣営の最終決戦になる、という意味であろう。

傍線fでは、佐竹義宣・上杉景勝などが共闘して関東へ出兵した場合、保科正光の所領である下総国多胡において、下々が騒ぎ出すと、保科正光が在番している浜松城に連れてきている夫丸・中間以下が逃げ出すのではないか、と危惧している。この場合、佐竹義宣・上杉景勝などの関東出兵による所領内の騒擾《そうじょう》が波及して、在番している浜松での保科家の家臣団統制にも影響を与える、と心配していることがわかる。

この点は、佐竹義宣・上杉景勝などが関東へ出兵した場合、その影響が関東以外の在番地にも広がる可能性があったことを示しており、保科家以外でも、徳川家家臣それぞれの在番地（東海道の諸城）で同様のケースがおこり得るであろう、と想定できる。

傍線gは、大垣城の籠城戦をめぐる勝敗が三〇日間程度で決着する、という見通しを述べたものである。「天下之勝負」が大垣一城に極まる、という記載は、大垣城籠城戦の勝敗が、その後の天下の行方を決定づける、という意味であり、戦局は重大な局面を迎えるに至った、という認識を、保科正光は持っていたと考えられる。

傍線hは、佐竹義宣が関東に出兵してきた場合の具体的規模を想定したものである。具体的人数として、五〇〇〜一〇〇〇人程度の出兵であれば、「時之首尾」（＝その時の成り行き、という意味であろう）である、としているので、この程度の出兵であれば、大したことはない、と考えているのであろう。

傍線iは、佐竹義宣・上杉景勝による関東への出兵が、小規模にとどまる可能性を示唆したものである。徳川家家臣である保科正光が、佐竹氏・上杉氏による関東出兵の可能性をまったく否定していなかった、という点で、こうした認識を持っていたことには注意したい。

大垣城を攻囲する家康方軍勢

(原文)

度々書状到来、披見候、[a]其元先ゝ何方も静ニ候之由心安候、弥油断有間敷候、[b]尾州表之事ハ定而其許へも可有其聞候、去廿二日・三日ごうとの渡り・萩原之渡両日ニ両度之合戦、何れも味方大勝ニ而、両度ニ五千程被討捕候、鎮共(ママ)(頸共カ)何れも関東へ参候、[c]其上美濃・尾張敵之城一度ニ八ツ明渡候、[d]京勢軍ニ打負たるい・赤坂ヲ被取切、各大柿へ遁(ママ)篭候、則此方へ(ママ)(之カ)人数押寄、去廿六日より被取詰候、[e]大柿ニ篭(ママ)候之衆ハ石田治部少輔・筑前中納言殿・備前中納言殿・小西摂津守・島津兵庫助、右之衆ニ而候、弐万程ニ而取篭(ママ)之由候、取巻候人数ハ八万之御着到にて候、[f]天下之落居ハ只此一城ニ極候間、森を始として西国衆致後詰候ハん哉、一(ママ)(「往」脱カ)女共江戸へ越候事親ニ候人へ委申越候間、定而可有御指図候、若江戸へ越候者、江戸之番ニハ七左衛門尉左吉・水右衛門尉・茂右衛門尉・波多右近・梅津金子左近、其外中間弐人差置候而、其外之衆ハ各有多胡収納専一ニ可申付候、[g.]天下之落居も五十日之内たるへく候間可心安候、文明寺源真慶印へ伝言申候、可心得候、一掭斎召仕候玉作之夫丸、背法度候間、召搦候処ニ、縄をぬき候て欠落候、いかようにも尋出シ可成敗候、得替急度可差越之由可申付候、恐ゝ謹言、

肥後守

八月廿九日　　　　　　　　　　　正光（花押）

松沢喜右衛門尉殿

丸山半右衛門尉殿

吉川織部佑殿

（現代語訳）

度々《たびたび》書状が到来《とうらい》して披見《ひけん》した。そちら（＝国許〔下総国多胡〕）において、まずまずどちらも静かである、とのことで安心した。いよいよ油断しないように。尾張方面でのことは、きっと、そちら（＝国許〔下総国多胡〕）へも聞こえているであろう。去る（八月）二十二日・二十三日、合渡（川）の渡り・萩原《はぎわら》の渡りにおいて、両日に両度の合戦をお

こない、いずれも味方が大勝した。両度（の合戦）にて五〇〇〇程を討ち捕えた。「鎮共《（ママ）》（「頸共」の誤記カ）」はいずれも関東へ行った。そのうえ、美濃・尾張にある敵の城が一度に八つ、明け渡された。豊臣公儀の軍勢（「京勢」＝具体的には石田三成方の軍勢）はいくさに負け、（家康方の軍勢に）垂井《たるい》・赤坂《あかさか》を切り取られて（＝奪取されて）、それぞれ大垣（城）へ逃《のが》れて籠った。よって、家康方の軍勢が（大垣城へ）押し寄せ、去る（八月）二十六日から厳しく攻めた。大垣（城）に籠っている衆は、石田三成、小早川秀秋、宇喜多秀家、小西行長、島津義弘、これらの衆であり、二万程にて籠っている、とのことである。（大垣城を）取り巻いている軍勢は八万の御着到である。天下の（勝敗の）決着がつくことは、ただこの一城（＝大垣城）に極まるので、毛利（秀元）をはじめとして西国衆が後詰するのであろうか。女共が（国許〔下総国多胡〕から）江戸へ行くことは、親である人に委ねて申し越したので、きっと御指図があるであろう。もし、（国許〔下総国多胡〕から）江戸へ行くのであれば、江戸の番には七左衛門尉、左吉、水右衛門尉、茂右衛門尉、波多右近、梅津、金子左近、そのほか中間二人を置いて、そのほかの衆は、それぞれ（国許の）多胡（下総国）にいて（米の）収納を専一に申し付けるように。天下の（勝敗の）決着がつくことは、五十日の内（＝五十日以内）であろうから安心するように。文明寺《もんみょうじ》の源真慶印へ伝言を申し述べるので心得るように。（その伝言の内容は）一揆斎が召し使っていた玉作《たまつくり》（現千葉県香取郡多古町南玉造）の夫丸（＝人足）が法度《はっと》に背いたため、捕らえて縛られたが、（縛られていた）縄を抜いて逃げたので、どのようにしてでも見つけ出して成敗するように。（そして）その代りの者を確かに寄越《よこ》すように申し付けるように。恐々謹言。（後略）

（【史料26】〔慶長五年〕八月二十九日付松沢喜右衛門尉・丸山半右衛門尉・吉川織部佑宛保科正光書状写）

この書状は、保科正光が家臣の松沢喜右衛門尉・丸山半右衛門尉・吉川織部佑に宛てて出した書状の内容である。「保科御事歴」によれば、松沢喜右衛門尉・丸山半右衛門尉・吉川織部佑はこの時、国許の多胡（下総国）に留守居としていたことがわかる。上述のように、この時、保科正光は遠江国浜松城に在番していた。よって、浜松城に在番している保科正光が、国許にいる家臣の松沢喜右衛門尉・丸山半右衛門尉・吉川織部佑に宛てて出した書状ということになる。

大垣城攻防戦により天下の行方が決まる

上記の書状内容（原文）において、ポイントと思われる点に傍線を引き、それぞれa～gで示した。

まず、傍線aでは、国許の多胡において変わった様子がないことについて安心した、と記しているが、これは単なる社交辞令的な意味ではなく、前掲の【史料25】の内容分析において上述したように、保科正光は佐竹義宣・上杉景勝が共闘して関東に出兵してくる可能性を危惧していたので、そうしたことへの警戒感から記している、と考えるべきであろう。

傍線bは、岐阜城攻城戦に関係する戦いを指す内容であり、家康方の軍勢の勝利を報じたものである。ただし、「尾州表」としているが、実際には美濃・尾張両国に関係する戦いであった。また、敵五〇〇〇人程を討ち捕えた、とするのは人数の点で誇張があるかも知れないので、この点は検討する必要がある。

傍線cでは、美濃・尾張における敵の城が一度に八つ、明け渡された、と記しているが、この記載が本当であれば、犬山《いぬやま》城・岐阜城以外に石田・毛利方の六つの城が明け渡されたということになる。このことについて、数の点で誇張があるのかどうか、八月末の時点における美濃・尾張両国内での諸城の動向について、今後、具体的に検討する必要があろう。

傍線dは、石田三成などの諸将がなぜ、大垣城に籠城することになったのか、その経緯について記されている。この記載によれば、石田三成方の軍勢が戦い（＝岐阜城攻城戦のことを指すカ）に負けて、家康方の軍勢に垂井（美濃国不破郡）・赤坂（美濃国不破郡）を切り取られて（＝奪取されて）、大垣城に逃げ込んで籠城することになった、としている。つまり、石田三成方の軍勢が大垣城に籠城した理由についてネガティブな意味でとらえているが、この点については、今後、客観的視点から分析する必要がある。

また、大垣城に籠城した石田三成方の軍勢に対して、家康方の軍勢が八月二十六日から攻撃を開始した、としている。このように、八月二十六日から家康方の軍勢が大垣城に対する攻城戦を開始した、としている点は、前掲の【史料25】の記載と日付が一致する。

なお、石田三成方の軍勢のことを「京勢」と表記している点は、当時、京都が日本の首都であったことを考慮すると、石田・毛利方の軍勢が豊臣公儀軍であることを徳川サイドの保科正光が認めていたことになり、その意味で注目される記載である。

傍線eは、大垣城に籠城している諸将の具体名について記している。宇喜多秀家と小早川秀秋だけが殿付で表記されていて別格扱いになっている点と、小早川秀秋が大垣城に籠城している諸将に含まれている点は、前掲の【史料25】の記載と同じであり注目される。なお、前掲の【史料25】には、秀頼の馬廻衆も大垣城に籠城していたと記されているが、その点に関する記載はない。

そして、大垣城に籠城している軍勢を二万人程とし、大垣城を包囲している軍勢の人数を八万人としている。大垣城に籠城している石田三成方の軍勢の数を二万人程とする点は、前掲の【史料25】と同じであるが（【史料25】では二万余人としている）、攻城側である家康方の軍勢の人数を八万人とする点は、前掲の【史料25】では七万人としており一万人の違いがある。その理由については不詳であるが、単なる誤記、あるいは、単純な記憶違いによるものであろうか。

上述のように、大垣城に籠城している軍勢を二万人程としていることから、その後、九月十四日夜に大垣城から石田三成などの諸将が関ヶ原（山中）へ移動行軍した際の軍勢の人数が二万人未満であったことは確実である（大垣城には熊谷直盛、垣見《かきみ》一直《かずなお》などの諸将を大垣城在番として残したので、二万人すべてを率いて大垣城から出陣したわけではない）。

傍線fでは、「天下之落居」はこの大垣城一城（をめぐる戦いの勝敗）によって決まるので、毛利秀元をはじめとして西国衆は後詰するのであろうか、としており、これとほぼ同じ文が、前掲の【史料25】にも見られる。

傍線gでは、大垣城の攻防をめぐる戦いが五十日以内には決着し、天下の行方が決まる、という見通しを述べたものである。前掲の【史料25】には同様の文があり、上述のように、そこでは大垣城をめぐる戦いの決着がつくのは三十日の間としているので、日数的には違いがある。

なお、傍線gでは、文末で、安心するように、と記しているので、大垣城を包囲攻撃している家康方の軍勢が最終的には勝利する、と保科正光は予想していたことになる。その理由としては、上述のように、圧倒的な兵力差があることを考慮したのかも知れない。

戦況を楽観視しなかった保科正光

以上のように、前掲二通の「（慶長五年）八月二十九日付保科正光書状写」（【史料25】【史料26】）は非常に示唆に富む内容であり、八月末の時点における石田三成方の軍勢と家康方の軍勢の極度に緊張した軍事状況下において、大垣城攻城戦が今後どのように展開するのかということを、徳川サイドの視点から保科正光が具体的に戦局のシミュレートをおこなっている点に大きな意義がある。

実際の戦局の推移は、周知のように、石田三成方の軍勢が大垣城から関ヶ原（山中）へ移動して野戦で決着がついたわけであるが、保科正光がシミュレートしたように、大垣城籠城戦が長期化し、大垣城を包囲攻撃していた家康方の軍勢に対して、毛利秀元などの軍勢が大垣城救援を目的として後詰をおこなう、というように想定していたことは、当時の戦況を徳川サイドの保科正光が決して楽観視していなかったことの証左になる。

伊達政宗《だてまさむね》も、「大柿表之事」として、石田三成・宇喜多秀家・島津義弘・小西行長による「籠城必定」と記している（「（慶長五年）九月二十六日付留守政景宛伊達政宗書状」『仙台市史』資料編一一）。よって、伊達政宗も大垣城での籠城戦を想定していたことになり、石田三成などの諸将が、大垣城を出て野戦に切り換えることを想定していなかった点は興味深い。

伊達政宗は、毛利秀元・吉川広家・安国寺恵瓊は「大柿之助」に出てきた、と記しており（「（慶長五年）九月晦日付留守政景宛伊達政宗書状」『仙台市史』資料編一一）、毛利秀元などの軍勢は大垣城救援を目的としていた、という見方をしている。他の伊達政宗書状に記されている「大柿へ之助衆」（「（慶長五年）九月晦日付留守政景他五名宛伊達政宗書状」『仙台市史』資料編一一）というのも、毛利秀元などの軍勢を指すと考えられる。

伊達政宗は、大垣城攻城戦の状況について、

①大垣城に石田三成・宇喜多秀家・島津義弘・小西行長が籠城していることは間違いない

②家康は今月（九月）十一日に清須へ到着した

③大垣城救援（「大かきへのたすけ」）のため、毛利秀元がわずか一万五〇〇〇ばかりの軍勢で大垣南の山（＝南宮山）へ出てきた
④家康は（大垣城救援に来た）この毛利秀元の軍勢をまず討ち果たすつもりである
⑤大垣城への押《おさ》えには、これ以前から岐阜方面に陣取りをしていた衆（福島正則・池田輝政などの岐阜城攻撃をした諸将を指す、と考えられる）が差し向けられる
⑥（よって）家康が勝つのは確実であろう、と（伊達政宗は）思っている

と記している（「片倉景綱宛伊達政宗消息」『仙台市史』資料編一一。この伊達政宗消息には日付の記載はないが、『仙台市史』資料編一一の解説では、内容から見て、慶長五年〔一六〇〇〕九月二十六日頃のものと推測している）。

この記載によれば、九月十一日に清須へ着陣した家康は、大垣城救援を目的として、南宮山に布陣した毛利秀元の軍勢一万五〇〇〇を後詰決戦により、壊滅させる予定であったことがわかる。その一方で、大垣城の攻囲戦には、福島正則・池田輝政などの諸将をあてて対戦させたことがわかる。このように、家康は、南宮山の毛利秀元の軍勢に対して、軍事セオリー通りの後詰決戦を挑もうとしていた点は注目される。

上述のように、保科正光が、毛利秀元による後詰を想定していたということは、石田三成

などの諸将は大垣城に籠城したまま、毛利秀元などの軍勢（大垣城救援部隊）と大垣城を攻撃していた家康方の軍勢の間で対陣がおこなわれて長期戦になる、と予想していたことになる。このことからすると、保科正光が想定した主戦場は八月下旬（八月二十六日）から開始された大垣城攻防戦であり、その後の関ヶ原（山中）合戦は想定外におきた野戦であった、ということになる。

その関ヶ原（山中）合戦を誘引したのは、上述した家康による後詰決戦構想であった（この点について、詳しくは拙稿［白峰二〇一七］を参照されたい）。

また、前掲二通の「（慶長五年）八月二十九日付保科正光書状写」には、「天下之落居」「天下之御本意」「天下之弓箭」「天下之勝負」（【史料25】）、「天下之落居」（【史料26】）というように、「天下」という文言が多く出てくる。この文言の使い方は、保科正光書状の文脈上では、大垣城攻防戦がその後の「天下」の行方を決定づける決戦である、という認識に基づいているように思われる。

大垣城に石田三成方の主力諸将が籠城し、家康方軍勢が包囲攻撃している、というように、両軍が大規模な兵力集中をおこない、極度に緊張した軍事状況下においては、こうした認識を持つのはもっともであるが、徳川サイドの保科正光が八月末の時点で、いまだ両陣営の勝敗が決していないと認識していたことは重要である。

このように、八月末の時点における徳川サイドの保科正光による厳しい戦局認識は、現在の関ヶ原合戦に関する概説書の多くが〝家康楽勝論〟を展開して、家康の戦略を一方的に称揚《しょうよう》していることとはかなりの乖離《かいり》があり、そうした従来の見解を再検討する必要があることを示すものであろう。上述した保科正光の八月末時点での戦局認識と戦局シミュレーションを図化して、〈図1〉として示した。

《付記1》
藤井尚夫氏は、後詰決戦のセオリーについて「軍事集団Aと軍事集団Bの勢力接線上の、Bの支城（b城）に対し、A軍が攻略しようと、軍を出し包囲する。B軍は、支城b城の落城を防ぐため、本拠から救援軍の出動が必要になる。戦国期には、こういった救援を「後詰」と呼んだ。このB後詰軍が、b城を包囲しているA軍に対し駆逐行動に出、A軍とB軍との間で起こる戦いを「後詰決戦」と呼んでいる」と定義している［藤井二〇一〇］。

《付記2》
『邦訳日葡』には「ウシロヅメ。または、ウシロマキ（後詰。または後巻）」の意味として「敵を後方から圧迫すること、または、後方から攻めること」としている。よって、当時（『日葡辞書』が刊行された慶長八年〔一六〇三〕）、「後詰」の読み方は「ごづめ」ではなく「うしろづめ」であったこ

●関東の戦況予想

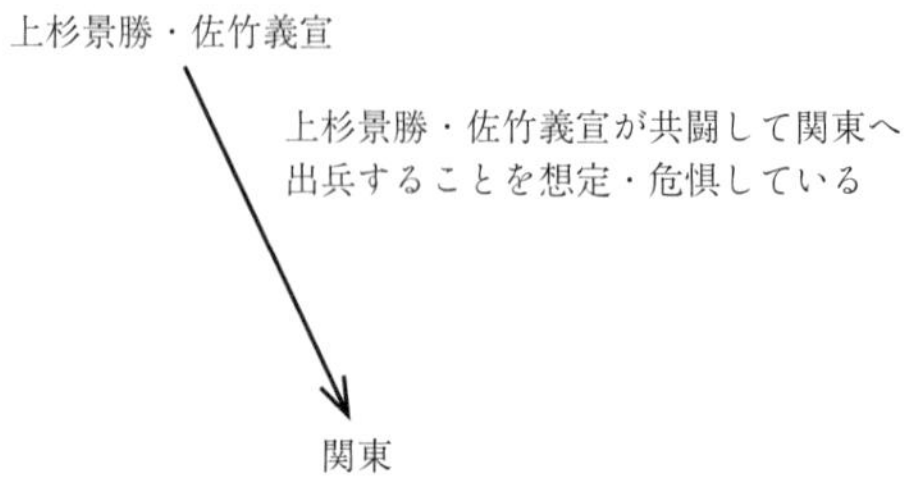
上杉景勝・佐竹義宣
上杉景勝・佐竹義宣が共闘して関東へ
出兵することを想定・危惧している
関東

○大垣城救援のため毛利秀元が後詰に出てくると、大垣城落城まで（両軍の）対陣が長期化するため、上杉景勝と佐竹義宣が共闘して関東へ軍事侵攻することを想定している。つまり、毛利秀元の後詰（大垣城救援）と上杉景勝・佐竹義宣の関東への軍事侵攻が直接関係（リンク）している点は注目される。

※〈図１〉は第４章における保科正光書状（【史料25】、【史料26】）の内容をもとに図示したものである。保科正光（当時、浜松城在番）は８月28日付の家康方先手からの注進の内容を書状に記している。

とがわかる。

《付記3》

「付城」の読み方について、現在の通説では「つけじろ」と読まれているが、『邦訳日葡』には「ツケシロ」と読み方が表記され、「敵の城を攻めるために、その近くに造る防御用障害物、あるいは、砦」という意味が記されている。よって、当時（『日葡辞書』が刊行された慶長八年〔一六〇三〕）、「付城」の読み方は「つけじろ」ではなく「つけしろ」であったことがわかる。

●大垣城攻囲戦…長期戦を想定

家康方軍勢（7万～8万人）で8月26日より付城を構築して大垣城攻撃を開始

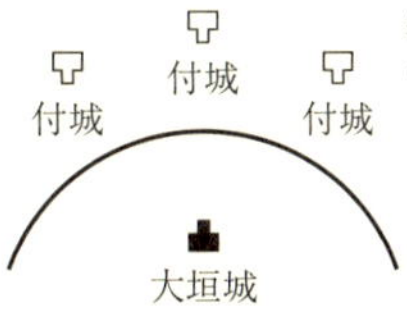

石田三成・宇喜多秀家・小早川秀秋・島津義弘・小西行長・秀頼様の馬廻衆などが2万人程で籠城

毛利秀元へ大垣城救援のため後詰を要請

○西国衆が大垣城救援のため後詰をすると、大垣城を落城させるまで（両軍は）対陣になるため、勝敗の決着がつくまで30～50日程度はかかる（つまり、大垣城攻城戦は長期戦になる）。
○家康方軍勢に垂井・赤坂（美濃）を奪取されて、石田方軍勢は大垣城（美濃）へ逃げて籠城した。
○大垣城のような小城に2万人程が籠城すると、すぐにいっぱいになる。

〈図1〉大垣城攻防戦における保科正光の戦況認識と戦局シミュレーション

第五章　関ヶ原合戦に関する一次史料を読み解く

本書の「プロローグ」でも述べたように、一次史料の検討によって、関ヶ原合戦に関する考察を進めることが必要不可欠であるので、本章では、関ヶ原合戦に関する重要な一次史料をそれぞれ提示して、その内容について考察する。

具体的には、関ヶ原合戦（本戦）以前の状況に関する一次史料（【史料27】【史料28】【史料29】）と、関ヶ原合戦（本戦）に直接関係する一次史料（【史料30】）についてそれぞれ検討した。

上杉討伐に強く反対した加藤清正

（原文）

以上

[a]去十九日之御状、今日巳刻ニ令拝見候、[b]上かたの様子被仰聞、得其意候、如此ニ候ハんと依見及申、[c]内府公へも今度推参なから達而申上候へ共、無御同心、結句御腹立にて、拙者式へハ御気色も五三日ほとあしく被成候間、[d]か様に各覚悟之違候所、被成御分別間敷事ニあらす候へ共、[e]各存分被申、[f]天下之乱候儀、不苦と被思召、右之御存分ニも及と令察にて、不及是非、[g]御異見たて度如申候、[h]如御存知、拙者式なとにハ奉行衆よりも

太閤様被　仰置筋目ありやう不被仰聞候間、[i]内府公何を御たて候も、御違候も不存候、
[j]其元より中国へ程近候間、安国寺之御存分被成御聞候ハヽ、そと可被仰聞候、委曲追而
可申達候、恐惶謹言、

七月廿一日　　　　加主計
　　　　　　　　　　清正（花押）

如水様
　　貴答

（現代語訳）

去る（七月）十九日の（黒田如水からの）書状を、今日（七月二十一日）の巳《み》の刻《こく》（午前十時頃）に拝見した。（その書状で）上方の状況を教えてもらい了解した。そのようになるだろうと予想していた。（以前に）清正は家康のところへ行き、強く申し上げたが、家康は同意せずかえって立腹し、清正に対して機嫌が数日悪くなった。このように（清正と家康は）それぞれ覚悟の違いがあり、（家康が）御了解しないことではないが、（清正と家康が）それぞれ考えを言い、（上杉討伐の発動によって）天下が乱れてもやむを得ないと（家康は）思い、右の（家康の）考えに及んだ、と（清正は）察するのでやむを得

ない。(清正が家康に対して)御異見を述べたのは(これまで)述べてきた通りである。御存知のように、清正へは奉行衆(五奉行)より、豊臣秀吉が申し置いた「筋目」の内容について聞かされていないので、家康が何に対して怒り、何が違っているのか、清正にはわからない。(如水がいる)中津から中国地方は近いので、如水から安国寺恵瓊の考えを聞いてそっと(清正に)教えてほしい。詳しいことは、追って(如水へ)申し達するつもりである。　恐惶謹言。(後略)

(【史料27】〔慶長五年〕七月二十一日付黒田如水宛加藤清正書状)

この文書の内容解説は、山田貴司氏によって、山田貴司編著『加藤清正』においてされているが(山田氏はこの文書について、慶長五年〔一六〇〇〕に比定している)、本章では、筆者(白峰)なりの解釈を以下に記すこととする。

傍線aは、七月十九日付の黒田如水からの書状を、本日(七月二十一日)の巳の刻(午前十時頃)に加藤清正が拝見した、としている。七月十九日付の黒田如水の書状が二日後に清正のところへ届いていることを考慮すると、如水は中津(豊前国)、清正は熊本(肥後国)に所在していた、と考えられる。傍線jにおいて、「其元より中国へ程近候間」としていることも、この時、如水が中津にいたことの傍証になる。

傍線bは、その七月十九日付の黒田如水の書状に、上方での状況（政治的動向などと考えられる）について書かれていて、その内容を了解した、としている。そして、そのようになるだろうと予想していた、としている。上方での状況とは、七月十七日に大坂三奉行（増田長盛・長束正家・徳善院玄以）らによって「内府ちかひの条々」が出されて、反家康の動きが公然と始まったことを指すと考えられる。上記の山田氏の解説では、「西軍挙兵の報を耳にした清正が、以前からそれを予測し」としている。

傍線cは、（このようになることを清正は予想していたので、以前に）清正は家康のところへ行き、強く申し上げたが、家康は同意せず、かえって立腹し、清正に対して機嫌が数日悪くなった、としている。この場合、「内府様」ではなく「内府公」としている点に注意したい（「内府公」としている点は、傍線iも同様である）。

上述のように、この時点（七月二十一日）では、清正は熊本にいると考えられるので、清正が家康のところへ行った、というのは過去のことを述べているのであろう。

傍線cにある、清正が家康のところへ行き、強く申し上げたが、家康は同意しなかった、というのは、清正が上杉討伐に同道したいと家康に強く願い出たが、家康はそれを許さなかった、ということを指している可能性がある。とすれば、このことは、家康が上杉討伐のために大坂城を出陣する六月十六日より前ということになる。

しかし、清正が上杉討伐に同道したいと願い出ただけで、家康が立腹し、清正に対して機嫌が数日悪くなった、というのでは、家康の立腹の理由が不明である（本来であれば、丁重に断るのが筋であろう）。

よって、傍線dの「か様に各覚悟之違（＝家康と清正の覚悟の違い）」、傍線eの「各存分被申（＝家康と清正がそれぞれ存分（＝考え）を述べた）」、傍線gの「御異見たて度如申候（＝「御異見」とは、清正の家康に対する異見という意味であろう）」とあることからすると、清正が家康のところへ行き、上杉討伐の発動に強硬に反対した、ということなのであろう。そのため、家康は立腹して、清正に対して機嫌が数日悪くなった、という結果になったと思われる。

傍線fの「天下之乱候儀、不苦と被思召」というのは、「被思召」というように敬語表現を使用していることから、上杉討伐の発動によって天下が乱れてもやむを得ない、と家康が思って、右の（家康の）御存分（＝考え）に及んだ、と（清正は）察するのでやむを得ない、という意味になる。

このように、これまでの通説では、加藤清正が家康に対して、上杉討伐の発動に強硬に反対した、という指摘はされてこなかったので、この書状に記されている内容は、新たな事実がわかった、という意味で重要である。

豊臣政権中枢から遠ざけられていた清正

傍線hは、清正へは奉行衆（五奉行を指すと考えられる）より、豊臣秀吉が申し置いた「筋目」（「太閤様被　仰置筋目」）の内容について聞かされていない、としている。

傍線iは、そのため、家康が何に対して怒り、何が違っているのか、清正にはわからない、としている。

この場合の豊臣秀吉が申し置いた「筋目」（「太閤様被　仰置筋目」）とは、具体的に何を指すのか不明であるが（単に秀吉の遺言という意味ではなかろう）、清正としては、家康が上杉討伐という軍事行動をおこすことが、豊臣秀吉が申し置いた「筋目」に抵触する、と考えていたところ、家康はそうは思っていなかった、という点で、家康と清正の考えの違いが出てきたため、清正としては困惑しているのであろう。

傍線jは、如水がいる中津（＝「其元」）から中国地方は近いので、如水から安国寺恵瓊の考えを聞いて、そっと自分（清正）に教えてほしい、と頼んでいる。

安国寺恵瓊は、慶長五年（一六〇〇）七月二十一日の時点では上方にいたので、国許にいたわけではなかったが、清正はそのことを知らなかったのであろうか。この場合、清正が安国寺恵瓊の考えを知りたい、としているのは、安国寺恵瓊が豊臣政権の中枢に位置している、ということを意味するが、逆に、清正は豊臣政権の中枢には位置できなかった、ということをも示している。このことは、豊臣政権中枢の内と外における安国寺恵瓊と清正のスタンスの違いがわかり、興味深い。

加藤清正といえば、秀吉子飼い部将の筆頭格というイメージが強いが、実際には上述のように、豊臣秀吉が申し置いた「筋目」の内容について、聞かされていなかったのである。そして、清正が安国寺恵瓊に直接、聞くこともできず、如水を通してそっと教えてほしい、と書いているくらいなので、清正は豊臣政権中枢とのパイプがなく、豊臣政権の中枢からは遠ざけられていたことがわかる。その点、清正は、豊臣政権の中枢にあって政治力を発揮した石田三成などとは、根本的にスタンスが違っていたのであろう。

なお、こうした点が指摘できるとはいえ、加藤清正が数々の戦いにおいて有能な部将であったことや、城普請において著名な部将であったことは、また別に特筆されるべきであろう。

関ヶ原合戦直前の状況を記した宇喜多秀家書状

（原文）

急度申遣候、

一　[a]此表之事、赤坂之敵陣へ諸口より取寄候故、敵うろたへ候てはや〳〵敗軍可仕躰と相見へ候、五三日中ニ吉左右可申遣候、可御心易候、てんのあたゆる所、天下之御弓箭此時隙明事態も入度所へ、敵参候て有之事候間、壱人も不残可討果事眼前之事、

一　[b]関東之儀ハ家康領内へ三日他行申候、景勝より切入候て関東諸所みたれ候て、無正躰由上々（ママ）（切々カ）注進候故、[c]中々内府可罷上覚悟夢ニ無之候（「共」脱カ）、あわ（ママ）（はカ）れ上り候へハ一度ニ打果度候事、

一　[d]大津之城、輝元より城をかり可申よし被申候へハ、人質遣申うへハ城を渡事迷惑之由被申候へハ、[e]則大坂より被取詰、本丸一ツニ罷成候、[f]余之儀ハ定可有宥免やと存候、此段このついてニ一段可然成行候間、可心易候事、

（中略）

九月十日　　御在判

宍甘四郎左衛門とのへ
宍甘太郎兵衛とのへ
川端丹後守とのへ
小瀬中務正とのへ

明石四郎兵衛とのへ
沼本新右衛門とのへ
中吉平兵衛とのへ
延原六右衛門とのへ
宍甘太郎右衛門とのへ
牧藤左衛門とのへ

（現代語訳）

　確かに申し遣わす。

一、この方面では、赤坂（美濃）にある敵陣（家康方軍勢の陣）へ諸方面から攻め寄せて、敵（家康方軍勢）がうろたえているので、敵は早々と敗北するような状況に見える。（よって）数日中には良い知らせを申し遣わすことができるだろうから安心してほしい。（こうした状況は）天が与えるところで、天下の戦いはこの時であるが、手すきの状況に入りたいところへ、（ちょうど）敵が来たので、一人も残らず討ち果たすべきことは眼前である。

一、関東のことは、家康の領内へ（九月）三日に「他行」（本来はよそへ行く、という意味であるが、この場合は、上杉景勝の出陣を指すと考えられる）があり、上杉景勝（の軍勢）が（家康の領内へ）切り込んで、関東では諸所で乱れており、取り乱した状況である、ということの注進があったので、家康が（江戸から出陣して）西上することは夢でないとしても、あわれにも（もしも）西上した場合は、一度に討ち果たしたい。

一、大津《おおつ》城のことについては、毛利輝元から城を借りたい旨を申し遣わしたところ、（城主の京極高次《きょうごくたかつぐ》から）人質を（すでに豊臣公儀へ）遣わしているので、（さらに）城を渡すことは「迷惑」（本来は困惑という意味であるが、この場合は、城を渡すことを拒否した、という意味であろう）である旨を申し伝えたので、大坂（豊臣公儀）から（軍勢を遣わして）城を攻めつけたので、（大津城は）本丸一つだけになった。あとは、多分（大津城主の京極高次を）宥免《ゆうめん》するのではないか、と思う。このことは、一段としかるべき状況なので安心してほしい。（後略）

（【史料28】（慶長五年）九月十日付宍甘四郎左衛門他九名宛宇喜多秀家書状写）

これは、九月十日付で宇喜多秀家が、国許の家臣に宛てて出した書状の写しである。宛所になっている十人の家臣は、この書状内容（上記の中略部分）から、岡山在番《おかやまざいばん》（宍甘四郎左衛門、宍甘太郎兵衛）、常山《つねやま》在番（川端丹後守）、高田《たかだ》在番（小瀬中務正）、倉敷《くらしき》在番（明石四郎兵衛）、小串《こぐし》在番（沼本新右衛門）、赤穂《あこう》在番（中吉平兵衛、延原六右衛門）、広瀬《ひろせ》在番（宍甘太郎右衛門、牧藤左衛門）の各家臣であることがわかる。

この書状は全十三ヶ条であり、一〜三条目が上記に引用した箇所にあたり、四〜十三条目は上記では引用を省略したが、内容としては、各家臣の人質徴収に関するものである。

傍線aは、赤坂（美濃）にある家康方軍勢の陣へ諸方面から攻め寄せて、敵（家康方軍勢）がうろたえているので、敵の敗北が近い、としている。しかし、九月十日の時点では、宇喜多秀家などの諸将は大垣城に籠城しており、赤坂の家康方軍勢の陣へ攻め寄せたという事実はない。

ちなみに、家康の赤坂着陣は九月十四日であるので（「（慶長五年）九月十七日付松平家乗宛石川康通・彦坂元正連署状写」『新修福岡市史』資料編、中世一）、九月十日の時点では、家康はまだ、赤坂に着陣していない。

傍線bは、九月三日に上杉景勝が関東の家康領内へ侵攻して、関東の諸所が乱れている、という注進が来ている、としている。しかし、こうした上杉景勝の関東への軍事侵攻という事実はない。

ちなみに、小規模な戦闘があった関山《せきさん》合戦（上杉景勝の軍勢 vs.伊王野《いおうの》資信《すけのぶ》〔家康方〕の軍勢）

は、九月十四～十五日であるので、傍線bが関山合戦を指しているわけではない。

傍線cは、傍線bの内容に関連して、家康の西上が難しい、としている。つまり、九月十日の時点で、宇喜多秀家は家康の西上を関知していないことになる。ちなみに、家康が西上のため、江戸城から出陣したのは九月一日である。

傍線dは、大津城について、毛利輝元が城を借りたい旨を申し入れたところ、（大津城主の京極高次は）人質を出しているので、そのうえ城を渡すことは迷惑として断った、としている。

傍線eは、そのため豊臣公儀の軍勢（「大坂」）が大津城へ攻め寄せて、大津城は本丸だけになっている、としている。

傍線fは、その後の見通しとして、（大津城主の京極高次は敗北して）許されることになる、と思うとしている。

このように、この宇喜多秀家書状写には、傍線aや傍線bのように、他の一次史料には記されていない記載内容があり注目されるが、上述したように、傍線a、傍線bの記載内容は、当時の状況と大きく異なっている。その意味では、この書状が原文書ではなく写しの文書である、という点を考慮すると、史料批判をさらに加えて再検討をおこなう必要があろう。

疑義が多い石田三成書状写

「(慶長五年)九月十二日付増田長盛宛石田三成書状写」は『古今消息集』に収録されている写の文書が伝わるのみで、原本の書状は伝存しない。この書状写は十七ヶ条にも及ぶ長文のものであり、内容的には詳しく記されているが、この書状写において使用されている語法などが慶長五年(一六〇〇)当時のものであるのか疑義がある。よって、まず史料全文(十七ヶ条)を引用したうえでその点について検討する。なお史料引用において、各条数をわかりやすく明示するため、便宜上1～17の数字を付記した。

態申入候、

1一敵至今日赤坂、何之行も無之、延々と居陣、ものを待様ニ、しかと有之体ニ候、不審成と各申候事、

2一従江州・勢州罷出候衆、参著候はんとて、今日たきの(多藝)かなや(金谷)と申所へ被出逢候、拙子儀ハおほかき(大垣)に在之儀ニ候、当城近辺の人質、伊藤家来のもの、幷町人のしちもつ迄入置候、敵より火付之才覚、伊藤若輩故、家中之者共、様々之才覚仕候ニ付て、心ゆ

るし不成候、殊ニ拙子もの共、さき手ニ有之所ハ、敵相二町・三町の間ニ候之條、拙子ハ城中にしかと有之体ニ候、今日の談合にて、大形味方中の仕置可相究候、あら〳〵なから、一昨日、長大（長束正家）・安國寺（恵瓊）、巻題（牧山カ）陣所へ、我等参、彼内存承候分にてハ、諸事相済間敷と存候、その故ハ、殊之外敵を大事ニ懸られ候て、縦敵はいくん候共、中々可相果行も無之、兎角身の取まハし積り計にて候、陣所ハ垂井の上の高山ニ、山取之用意ニ候、彼山ハ、人馬之水も有之間布《マシキ》程の高山にて、自然之時ハ、掛合にも、人数の上り下りも不成程の山にて候、味方中も不審可仕候、敵も可為其分事、

[3]一爰元、苅田候へは、兵粮ハ何程も有之事ニ候へとも、敵を大事ニ懸られ、苅田ニさへ、人を不出候、兵粮の江州より可出之由ニ候間、成次第持出可申候、近此味方中ち、ミたる体ニ候事、

[4]一味方勢州・江州之人数出候ハヽ、何とそ一行可有之と存候処ニ、延々としたる体ニ候、依之敵もくつろきたる体にて候、拙者所存之通、長大（長束正家）・安國寺（恵瓊）へも申候へ共、一円御取合無之候間、其通ニ仕候事、

[5]一兎角如此延々と候ハヽ、味方中も心中難計、御分別之前ニ候事、敵味方下々の取沙汰ニハ、妻子人質之儀ハ、何様ニても苦しかるましき体ニ候、増右（増田長盛）、内府

（家康）へ被仰合筋目有之、とても妻子なと一人も成敗之儀有ましきと申しなし候、是も黒白を存たる者ハ不申、下々申事ニ候、併申も無餘儀候、既ニ如斯討被討候へ共、其者之妻子御成敗穏便故、先書にも如申、犬山加勢衆謀叛なとも出来候歟、去とてハ有間敷儀なから、是も妻子気遣無之故と下々申候、爰元諸侍申され候も、敵方の妻子五三人も成敗候ハヽ、心中替可申と申事ニ候、爰元承候通申入候、御分別ニ不過候事、

6 一大津之儀（京極高次）、去とてハ此節根をたやされ候ハては、以来御仕置のさハりたるへきと存候、殊ニ伊奈之侍従（京極高知）殿、当表にて種〳〵と才覚御推量之外にて候事、

7 一敵方へ人を付置聞申候、佐和山口より被出候衆の中、大人数もち、敵へ申談らるゝ子細候とて此中相尋候、其故ハ、勢州へ被出陣をも申留、各面々在所々々に被相待候様にて申談なとゝ申、此二三日ハ頻にかけ（陰）の口有之、敵方いさミ候つる、然るに江州之衆、悉山中へ被出候とて、かけの口違候様に敵申候とて、唯今申来候、兎角今之世は、人質不入体と見へ申候、終ニ出し候人質無御成敗候間、人質ニ不構も無餘儀候事、

8 一何れ之城之伝々ニも、輝元御人数入被置候御分別肝要ニ候、此段子細有之候間、御分別あつて、勢州を初、太田駒野に今度城を構候而能候はんと存候、江濃之境目松尾之城、何れの御番所にも、中国衆入可被置御分別尤にて候、如何程慥成遠国衆にて候共、

今時分ハ国郡之心さし有之付て、人之心難計候、御分別之前ニ候事、

9 一当表之儀ハヽ、何とそ諸侍之心揃候はヽ、敵陣ハ廿日之中ニ破り候ハん儀ハ、何れの道ニも可多安《タヤスカル》儀ニ候へ共、此分にハヽ、結句味方中ニ不慮出来候ハん体、眼前ニ候、能々御分別肝要ニ候、羽兵入（羽柴兵庫頭入道島津惟新）・小摂（小西摂津守行長）抔も、其被中様ニ候へとも、遠慮有之と見へ申候、拙子儀ハヽ、存知之たけ不残申候、

10 一長大（長束大蔵大輔正家）・安國寺（恵瓊）、存之外遠慮深く候、哀〳〵貴所ニ当表之儀、一目御目ニ懸度候、扨々敵のうつけたる体、家中之不揃、思召之外ニ候へ共それよりは味方中事をかしき体に候事、

11 一輝元（毛利）御出馬無之事、拙子体ハ尤と存候、家康不被上ニハ不入かと存候へ共、下々ハ此儀も不審たて申事ニ候事、

12 一度々如申入金銀米銭遣ハさるへき儀もこの節ニ候、拙子なとも似合ニ早、手之内有たけ此中出し申候、人をも求め候故、手前之逼迫御推量可有候、然ハ此説ニ極り候と存候間、其元も可有其心得事、

13 一従江州被出候衆之手前、自然之不慮之儀も候へハと存、是のミ迷惑ニ候、輝元御出馬無之候ハヽ、佐和山下へ、中国衆五千計入可被置候儀、肝要之御仕置ニ候、兎角勢州へ被出衆之帰りハ、大垣・佐和山の通路にも不構、自然之時分ハ、太田幷駒野へ取つき、

畑道を江州へ御通用之積計と相見へ申候間、長引可申と存候事、

14 一備前中納言（宇喜多秀家）殿、今度之覚悟、さりとてハ御手柄、是非なき次第ニ候、此段自諸口可相聞候間、申ニ不及候、一命を棄而御かせきの体ニ候、其分御分別御心得可有之、羽兵入（島津惟新）・小摂（小西行長）同前事、

15 一当分御成敗有之間敷人質妻子、宮島へ御下可有之歟、御分別不可過候事、

16 一今度勢州口より被働衆、中国ハ不及是非其外長大（長束大蔵大輔正家）・大刑（大谷刑部吉継）、幷御弓鉄砲衆も、長大・安國寺一手ニ被引向様ニ相見へ候間、大人数回り兼候、人数も少々そつに罷成体ニ候事、

17 一丹後之儀、隙明之由ニ候、少にても外聞ニ候間、彼表之衆、当表へ被立候様に可然候、

恐々謹言、

九月十二日（慶長五年）　石田治部少輔（三成）

増田右衛門尉（長盛）殿

【史料29】（慶長五年）九月十二日付増田長盛宛石田三成書状写

①全体的に「ひらがな」が多すぎる

この書状写を読むと、ひらがなが多用されていることがわかる。しかし、「七月晦日

付真田昌幸宛石田三成書状」（『真田家文書』上巻、五一号文書）、「八月五日付真田昌幸・真田信幸・真田信繁宛石田三成書状」（『真田家文書』上巻、五五号文書）、「八月十日付佐竹義宣宛石田三成書状」（『茨城県史料』中世編Ⅴ）、「八月十日付真田昌幸・真田信繁宛石田三成書状」（『大日本古文書』〈浅野家文書〉、一一三号文書）など当時の他の石田三成書状では、このように多くのひらがなを使用していない。

その意味では、この書状写は異例であり、慶長五年（一六〇〇）当時の武家文書（大名文書）とは思えない。

②「遠慮深く候」（十条目）という用法（語法）は、慶長五年（一六〇〇）当時には使用されていない

「遠慮」という語句は、慶長五年（一六〇〇）には存在するが、意味が異なる。『日葡辞書』（『邦訳日葡』）には、「エンリョ（遠慮）」の意味として「将来のことを考えめぐらすこと、または、将来に備えて用意すること」としている。この意味は、いわゆる「深《しん》謀遠慮《ぼうえんりょ》」の「遠慮」という意味であり、「遠慮深い」という現代的な用例の意味ではない。

また「遠慮深い」という用例は、『日葡辞書』には立項されていない。それでは、「遠

慮」と「深い」が結合して、一つの語として成立するのはいつの時代なのだろうか。『日本国語大辞典（第二版）』で「遠慮深い」という語を引くと、用例としては、国木田独歩の『二老人』（一九〇八年）、森鷗外の『青年』（一九一〇〜一一年）の文章が引用されており、いずれも近代文学作品における用法である。

この点を考慮すると、「遠慮深い」という語法は近代的な使い方であり、慶長五年（一六〇〇）当時の用例とは考えられない。

③「人質妻子、宮島へ御下可有之歟」（十五条目）における「宮島」という表記は、慶長五年（一六〇〇）当時には使用されていたのか

現代では「安芸の宮島」という言い方を普通に使用するが、慶長五年（一六〇〇）当時は「宮島」ではなく、「厳島《いつくしま》」と書いたはずである。例えば、慶長五年の八月二十六日付の「伊勢国津城合戦手負討死注文」（『大日本古文書』〈吉川家文書之一〉、七二八号文書）の最後の文には「厳嶋大明神」と記されている。

本来は「厳島」が正式名称であり「宮島」は異称である。インターネットの東京大学史料編纂所データベース（古文書フルテキストデータベース）で「厳島」で検索すると二百二十一件ヒットするが、「宮島」で検索すると十三件しかヒットしない。よって「宮島」

という表記は、近現代の用法に近いことを示している。

④「あら〱なから」（二条目）という表記は、慶長五年（一六〇〇）当時には使用されていたのか

「あらあらながら」という表記については、『日葡辞書』『日本国語大辞典（第二版）』のどちらにも立項されていない。よって、どのような意味なのか正確には理解できない。後世、どこかの地方で使用されていた方言であろうか。少なくとも、管見《かんけん》では、慶長五年（一六〇〇）当時の大名が発給した文書にこうした用例を見た記憶はない。ちなみに、インターネットの東京大学史料編纂所データベース（古文書フルテキストデータベース）で「あらあらなから」あるいは「あらあらながら」で検索してもヒットしない。

⑤「ものを待様ニ」（一条目）という記載は、慶長五年（一六〇〇）当時に使用したとは考えられない

慶長五年（一六〇〇）当時であれば、「ものを待候様ニ」となるはずである。「候」がなく「ものを待様ニ」としている記載は、近現代的な用法である。

⑥「はいくん」（二条目）という表記は、慶長五年（一六〇〇）当時には使用されていたのか

「はいくん」という表記は、慶長五年（一六〇〇）当時であれば、わざわざひらがなで表記せず、「敗軍」と書いたはずである。少なくとも、管見では、慶長五年（一六〇〇）当時の大名が発給した文書にこうした用例を見た記憶はない。

⑦「ちゝミたる」（三条目）という表記は、慶長五年（一六〇〇）当時には使用されていない

この場合の「ちゝミたる」は、現代的な意味の「恐れなどで体が畏縮する」（『日本国語大辞典（第二版）』）という意味で使用されている。しかし、慶長五年（一六〇〇）当時にこうした意味で「ちゝミたる」は使用されていたのだろうか。

『日葡辞書』（『邦訳日葡』）には、「チヂミ、ム、ユウダ（縮み、む、うだ）」の意味として「縮む、または、しわがよってちぢれる」、また「チヂミアガリ、ル、ッタ（縮み上がり、る、つた）」の意味として「ちぢれて、上の方へ巻き上がった髪の毛をしている」としている。

『日葡辞書』の成立年は慶長八年（一六〇三）であるので、慶長五年（一六〇〇）当時、

「ち、ミたる」を現代的な意味の「恐れなどで体が畏縮する」として使用していなかったことは明白である。

⑧「一目御目ニ懸度候」（十条目）という表記は、慶長五年（一六〇〇）当時に使用したとは考えられない

慶長五年（一六〇〇）当時であれば、「御目ニ懸」ではなく、「懸御目」という表記になるはずである。インターネットの東京大学史料編纂所データベース（古文書フルテキストデータベース）で「御目ニ」で検索すると、江戸時代前期、あるいは、それ以前の用例（慶長元年〔一五九六〕の一例、寛永《かんえい》十四年〔一六三七〕の二例、寛永十五年〔一六三八〕の一例）は、「懸御目ニ」となっているのに対して、幕末における用例（万延元年〔一八六〇〕の一例、文久元年〔一八六一〕の一例、文久二年〔一八六二〕の四例）は「御目ニ懸」となっている。よって、この表記（「御目ニ懸」）は、幕末の表記であることがわかる。

このことは、この書状写が幕末に作成された可能性を示唆している。あるいは、明治時代初期に作成された可能性も考えられる。

⑨九月十二日に石田三成は大垣城から、なぜ南宮山へ出かけていったのか

「拙者所存之通、長大・安國寺へも申候へ共、一円御取合無之候間」（四条目）という記載があり、この記載からすると、九月十日に石田三成は大垣城から南宮山へ出かけて、長束正家・安国寺恵瓊と話をした、ということになる。

しかし、当時、石田三成らの諸将が籠城していた大垣城を、家康方の軍勢が周囲に付城を作って包囲し、攻囲中であったため（本書の第四章を参照）、その状況下で石田三成が大垣城から簡単に抜け出て、のこのこと南宮山へ出かけていったとは考えられない。

⑩当時の他の石田三成書状と比較して、一人称の使用が多すぎる

この書状写には、一人称が八個出てくるが、当時の他の石田三成書状では、このように多くの一人称を使用していない。例えば、前掲「八月十日付真田昌幸・真田信繁宛石田三成書状」では一人称は四個、前掲「八月五日付真田昌幸・真田信幸・真田信繁宛石田三成書状」では一人称は一個である。また、他の石田三成書状では、前掲「七月晦日付真田昌幸宛石田三成書状」、前掲「八月十日付佐竹義宣宛石田三成書状」のように、一人称がまったく出てこないものもある。

⑪三種類の一人称が使用されている

この書状写では、一人称として、「拙子」「我等」「拙者」の三種類が使用されている。通常、一人の筆者が書状を書く場合、一人称を三種類も使い分ける必要があるとは思えない。ただし、前掲「八月十日付真田昌幸・真田信繁宛石田三成書状」では「拙者」と「拙子」を併用しているので、併用するケースは絶対にないとは言い切れないが、疑義として提示しておく。

⑫この書状写では、「内府」と「家康」を併用している

この書状写では、家康を指す表記として、「内府」と「家康」を併用している。通常、一人の筆者が書状を書く場合、「内府」と「家康」を併用することがあるのだろうか。ただし、前掲「八月十日付真田昌幸・真田信繁宛石田三成書状」では「内府」と「家康」を併用しているので、併用するケースは絶対にないとは言い切れないが、疑義として提示しておく。

⑬「大垣」（十三条目）と表記している

慶長五年（一六〇〇）当時の書状では、「大柿」という表記の方が圧倒的に多い。ただし、前掲「八月十日付真田昌幸・真田信繁宛石田三成書状」では「大垣」と表記しているので、「大垣」という表記が皆無とは断言できないが、疑義として提示しておく。

⑭「一命を棄」（十四条目）と表記している

慶長五年（一六〇〇）当時であれば、「棄」の字ではなく「捨」の字を使用するはずである。そして、慶長五年当時であれば、「一命を棄」ではなく「捨一命」という表記になるはずである。インターネットの東京大学史料編纂所データベース（古文書フルテキストデータベース）で「捨一命」で検索すると九件ヒットするが、「棄一命」で検索すると一件しかヒットしない。

⑮大谷吉継の略称を「大刑」（十六条目）と表記している

この書状写では、大谷吉継の略称を「大刑」と表記しているが、他の石田三成書状（前掲「七月晦日付真田昌幸宛石田三成書状」）では、「大形少」と表記しているので、この違いについても疑義として提示しておく。

以上のように、この書状写には、慶長五年（一六〇〇）当時の武家文書（大名文書）の語法としては疑義がある点（語法として、近現代的な使用表現が見られる）や、他の石田三成書状と比較して相違する特徴がある点を指摘することができる。

よって、この書状写は、幕末～明治時代初期に作成された可能性を指摘できる。

山中合戦で奮戦した井伊直政

（原文）

尚々其元之様子、被仰越忝候、

[a]去十二《マヽ》日（十五日ヵ）之御状、今日廿五日ニ拝見申候、[b]誠被入御念ゐつ給、一入満足いたし候、[c]去十五日、濃州山中ニ而、合戦被成、こと〳〵く被打取候由、千万目出度存候、[d]殊自身貴所も高名被成候由、千万目出度候、[e]少手をおい被成候由承、あんじ申候、くるしからす由承、我等一人と満足いたし候、[f]次野州自身高名之由、只貴殿御たちそい被成故と存計、此方ニ而承、満足御すいりやう可給候、扨々御同様不申候やう、御迷惑無之候、[g]やがて大坂より之御吉左右待入申候、恐々謹言、

九月廿五日　　秀康花押

〆　　より

井兵部殿　　　　　　　　羽三
参

（現代語訳）

去る（九月）十二（ママ）日（十五日の誤記ヵ）の（井伊直政の）書状を今日（九月）二十五日に拝見した。誠に念を入れた絵図（「ゑつ」）を送ってもらい、（結城秀康《ゆうきひでやす》は）一入《ひとしお》満足している。去る（九月）十五日に美濃の山中において合戦があり、ことごとく（敵を）討ち取ったことは、千万目出《めで》たい、と思う。特に（井伊直政）自身も、（この山中合戦で）高名をなしたことは千万目出たい。（この戦いで井伊直政が）少し負傷したことを知り、（秀康は）心配したが支障はないことを聞いて満足している。松平忠吉《まつだいらただよし》自身も（この戦いで）高名をなした、とのことで、（松平忠吉の高名は）井伊直政が付き添ったからである、と思うばかりで満足していることを推量してほしい。さて、御同様に言わないことは（他言しない、という意味ヵ）、（秀康にとって）支障はない。やがて大坂からの吉報が来ることを待っている。恐々謹言。（中略）

（追伸）なお、そちらの状況を（このように）申し越していただき忝《かたじけな》い。

（【史料30】〔慶長五年〕九月二十五日付井伊直政宛結城秀康書状写）

傍線aは、（九月）十二日の井伊直政の書状を（九月）二十五日に結城秀康（当時、宇都宮城に在陣）が拝見した、としている。しかし、傍線cに「去十五日」の関ヶ原合戦に関する記載があることから、傍線aにおける「去十二日」は「去十五日」の誤記である可能性が高い。あるいは、写しの文書を作成する際に、原文書に「去十五日」と記されていたが、「去十二日」と誤写した可能性も考えられる。

井伊直政は、徳川家康に同道していたと考えられる。家康は、九月二十四日に大津在、同月二十六日に淀《よど》城在、同月二十七日に大坂在であるので〔相田二〇一六a〕、結城秀康がこの書状を出した九月二十五日の時点では、井伊直政は大津にいたと考えられる。

傍線bは、井伊直政から絵図（「ゑつ」）を送ってもらい、秀康はとても満足している、としているが、どのような絵図であるのかまでは記されていない。この絵図が、傍線c・d・e・fの記載内容と関連しているとすれば、関ヶ原（山中）合戦に関する絵図である可能性も考えられる。

傍線cは、（九月）十五日に美濃の山中において合戦があり、ことごとく（敵を）討ち取ったことは、千万目出たい、としている。この記載で注目されるのは、戦場が美濃の山中（「濃洲山中」）と明記されている点である。

傍線dは、井伊直政自身も、この山中合戦で高名をなしたことは千万目出たい、としている。この記載で注目されるのは、井伊直政は山中合戦に参戦して、高名をなしたことが明記されている点である。ただし、通説で指摘されているような、開戦当初における井伊直政の抜け駆けに関する記載はない。

傍線eは、この戦いで井伊直政は少し負傷したことを知り、秀康は心配したが、支障はないことを聞いて満足した（傍線eにおける「我等」は一人称単数の「私」という意味である）、としている。このことは、井伊直政自身が山中合戦において、実際に戦闘をおこなったことの証左となる。

傍線fは、松平忠吉（「野州」＝下野守）自身も高名をなした、としている。このことから、松平忠吉自身が山中合戦において、実際に戦闘をおこなったことがわかる。そして、松平忠吉自身が山中合戦において、高名をなすことができたのは、井伊直政が付き添ったからである、としている。

このことは、山中合戦における戦闘で、井伊直政と松平忠吉は同一の行動をしていたことを示している。

傍線gは、大坂からの吉報を待っている、としているので、これは、今後の家康の大坂城入城がうまく行くことを願っている、という意味であろう。

ちなみに、結城秀康（家康の二男）と松平忠吉（家康の四男）は兄弟であり、松平忠吉の正室は、井伊直政の娘である。

この書状写は、これまで関ヶ原合戦関係の本や論考で紹介されておらず、その内容は検討されてこなかったが、上述のように、九月十五日の戦闘状況に関して重要な内容を多く含んでいるので、今後、重要視されるべき史料であろう。

一次史料を検討することの意義

以上のことによって、

❶前掲「（慶長五年）七月二十一日付黒田如水宛加藤清正書状」（【史料27】）の内容からは、加藤清正が上杉討伐に強硬に反対して家康の不興を買ったことや、清正が豊臣政権の中枢からは遠ざけられていたことがわかる

❷前掲「（慶長五年）九月十日付宍甘四郎左衛門他九名宛宇喜多秀家書状写」（【史料28】）の内容には、関ヶ原合戦の五日前の状況として、赤坂の敵陣の状況、家康の関東領国内への上杉景勝の軍事侵攻のこと、大津城籠城戦の経過などが記されており、史料批判の

必要はあるものの、注目される内容である

❸前掲「〈慶長五年〉九月十二日付増田長盛宛石田三成書状写」（【史料29】）の内容検討からは、この書状写が慶長五年（一六〇〇）当時のものではなく、幕末〜明治時代初期に作成された可能性が高いことがわかる

❹前掲「〈慶長五年〉九月二十五日付井伊直政宛結城秀康書状写」（【史料30】）の内容からは、井伊直政、松平忠吉が山中合戦において、実際に戦闘をおこなって高名をなしたことや、この戦いで井伊直政は少し負傷したことを知り、結城秀康は心配したが支障はなかったことがわかる

など、本章で検討した一次史料からは、これまでの通説では指摘されてこなかった重要な諸点が明確になり、新しい知見を得ることができた。

関ヶ原合戦関係の一次史料に関するこうした検討は、それ以外の文書（一次史料）についても、今後おこなっていくことによって、さらに新しい知見を得ることができると思われる。

これまで、関ヶ原合戦関係の研究が停滞化・硬直化してきたのは、このような一次史料の検討が等閑視《とうかんし》されてきたことに原因がある。よって、今後もこうした検討作業を継続することにより、マクロな視点から、関ヶ原合戦（本戦）だけでなく、本戦に至る政治状況・軍事

状況のプロセスについても、時系列の推移やそれにともなう権力対立の推移として、その具体像を明確にできると考えられる。

第六章　「関ヶ原」で戦った藤堂高虎隊と大谷吉継隊

『藤堂家覚書』成立の経緯

関ヶ原合戦（本戦）に関する最新の論考として、筆者（白峰）は拙稿「通説打破！　関ヶ原合戦の真実〝天下分け目の戦い〟はこう推移した」を発表したが［白峰二〇一七］、その中の論点の一つとして、関ヶ原エリア（九月十五日早朝に開戦）と山中エリア（九月十五日午前十時頃開戦）のそれぞれの戦場で、家康方のどの部将が石田三成方（以下、石田方と略称する）のどの部将と戦ったのか、という問題がある。

そのことを考えるうえで、伊勢津藩（藩主は藤堂家）の関係史料である『藤堂家覚書』（寛永十八年〔一六四一〕成立。近藤瓶城《へいじょう》編『改定史籍集覧』第十五冊）には、九月十五日の関ヶ原合戦（本戦）に関する記載があり、その記載内容は重要な意味を持っている。つまり、この記載には、九月十五日当日の戦況の推移を考えるうえで示唆《しさ》に富む点が含まれているが、これまでの研究史では検討されてこなかったので、本章ではこの記載をもとに考察をおこなうこととする。

『藤堂家覚書』の成立の経緯については、『藤堂家覚書』の本文の末尾に次のような記載があることから、明確に知ることができる。なお、本章において、『藤堂家覚書』の引用にあたり、筆者（白峰）が適宜、読点を補足した。また、筆者（白峰）が旧字体を新字体に改めた。

（原文）
右之条々、伊賀伊勢古き者とも呼集シテ及承、又存知之分かきつけ上ケ申候、久敷事候間、少宛覚相違之儀も可有御座候、以上

寛永十八年巳七月三日

（現代語訳）
右の条々は、伊賀・伊勢の古い者ども（＝古参の藤堂家家臣）を呼び集めて聞き及び、また、知っていることを書き付けて進上した。（当時から年数が経っていて）久しいので、少しずつ覚え間違いのこともあるかもしれない。以上。

（【史料31】『藤堂家覚書』）

この記載によれば、本文の内容（「右之条々」）は、藤堂家家臣の古参の者ども（「伊賀伊勢古き者とも」）を呼び集めて聞いた内容、あるいは、知っていることを書き付けて進上した内

藤堂高虎像（東京大学史料編纂所所蔵模写）

容によるものであるが、久しく年月が経過しているので、少しは覚え間違いのことがあるかも知れない、としている。つまり、『藤堂家覚書』は寛永十八年（一六四一）の時点における藤堂家家臣の聞書《ききがき》や書《かき》付《つけ》をもとに編纂された内容であることがわかる。

ちなみに、この『藤堂家覚書』の成立年である寛永十八年（一六四一）から見て、関ヶ原合戦がおこった慶長五年（一六〇〇）は四十一年前になる。よって、寛永十八年（一六四一）の時点で存命中の者も存在したと考えられる。その意味では、後世の編纂史料（二次史料）ではあっても、信憑性がない荒唐無稽な内容の軍記物などとは性格を異にするものである。

関ヶ原での藤堂隊と大谷隊の激戦

『藤堂家覚書』における関ヶ原合戦（本戦）に関する記載を以下に引用する。

（原文）

権現様、九月十四日の昼時分に赤坂江被成御着座、先手之上方衆は其夜青野原へ打出、野陣御座候、翌十五日之未明にいつれも青野（原）を御立候て、関ヶ原へ御出被成候、路次へ藤堂新七郎先手にまきれ参り、あさがけの首を取、出むかひ申候、是は諸手一番首に而御座候故、権現様へ高橋金右衛門に為持御上被成候、其後、和泉様御鑓先之敵は大谷形《ママ》（刑カ）部少輔、脇坂中務、小川土佐、平塚因幡、此四人にて御座候得共、中務と土佐は和泉様御才覚にてうらきり被仕候、刑部少輔人数と一戦御座候、刑部少輔内湯浅五助と申母衣之者を藤堂仁右衛門討取申候、其外敵あまたうち取申候、藤堂玄蕃討死仕候、其外御家中之者共多討死仕候、権現様衆村越兵庫殿、此所に而討死被成候、権現様忠節に思召御帰陣之後、御ほうひとして伊予半国御拝領被成、都合廿万三千石に御成被成候事

（現代語訳）

家康は九月十四日の昼頃に赤坂へ着陣した。（家康方の）先手の上方衆は、その夜（九月十四日夜）青野ヶ原へ出陣し、そこで野営した。翌（九月）十五日の未明に、いずれも

青野ヶ原を出て、関ヶ原へ出陣した。その途中、藤堂新七郎（藤堂高虎の家臣・藤堂良勝《よしかつ》）は先手（の上方衆の軍勢）にまぎれて、朝駆けの首を取って出てきた。これは、（家康方の）諸軍勢において「一番首」であった。そのため、高橋金右衛門（藤堂高虎の家臣ヵ）に（この首を）持たせて家康へ進上した。その後、藤堂高虎の攻撃の方向にいた敵は、大谷吉継、脇坂安治、小川《おがわ》祐忠《すけただ》、平塚為広《ひらつかためひろ》の四人（の部将の軍勢）であった。しかし、（その四人の中の）脇坂安治と小川祐忠は、高虎の（事前の）調略によって（石田方を）裏切った。（そのため藤堂高虎は）大谷吉継の軍勢と一戦をおこなうことになった。この戦いで、藤堂仁右衛門《にえもん》（藤堂高虎の家臣・藤堂高刑《たかのり》）は大谷吉継家臣の湯浅五助という母衣《ほろ》（鎧《よろい》の背につける幅広の布〔『大辞林（第三版）』〕）の者を討ち取った。そのほか（藤堂高虎の家臣は）敵を多く討ち取った。藤堂玄蕃《げんば》（藤堂高虎の家臣・藤堂良政《よしまさ》）は討死した。そのほか、藤堂家家中の者どもが多く討死した。家康家臣の村越兵庫殿は、このところ（＝大谷吉継と戦った関ヶ原）で討死した。家康は（藤堂高虎の）忠節に対して、帰陣の後、褒賞として伊予半国を与えて（高虎は）合計二〇万三〇〇〇石になった。

（【史料32】『藤堂家覚書』）

この記載内容について、次に要点をまとめる。

①家康は九月十四日の昼に赤坂へ着陣した
②九月十四日夜、家康方の先手の上方衆は青野ヶ原へ出陣して、そこで野営した
③九月十五日の未明に「いつれも」青野ヶ原を出て、関ヶ原へ出陣した
④その途中、藤堂新七郎（藤堂高虎の家臣・藤堂良勝）は先手の上方衆の軍勢にまぎれて、「あさがけの首」を取ったが、これは「諸手一番首」であった
⑤そのため、高橋金右衛門（藤堂高虎の家臣カ）にこの首を持たせて家康へ進上した
⑥その後、藤堂高虎は大谷吉継、脇坂安治、小川祐忠、平塚為広の四人の部将の軍勢と戦ったが、脇坂安治と小川祐忠は高虎の事前の調略によって石田方を裏切った
⑦そのため、藤堂高虎は大谷吉継の軍勢と一戦をおこなうことになった
⑧その戦いで、藤堂仁右衛門（藤堂高虎の家臣・藤堂高刑）は大谷吉継家臣の湯浅五助という母衣の者を討ち取った
⑨そのほか藤堂高虎の家臣は敵を多く討ち取った
⑩藤堂玄蕃（藤堂高虎の家臣・藤堂良政）は討死した
⑪家康家臣の村越兵庫はこのところ（＝大谷吉継と戦った関ヶ原）で討死した
⑫家康は藤堂高虎の忠節に対して、帰陣の後、褒賞として伊予半国を与えて高虎は合計二

○万三〇〇〇石になった

これらの要点について、順次、検討していくと次のようになる。

まず①の、家康が九月十四日の昼に赤坂へ着陣した、という点については、「九月十四日付丹羽長重宛西尾吉次・同藤兵衛連署状」(徳川義宣著『新修徳川家康文書の研究』第二輯)に、「内府も昨日十三日きふへ着陣被申候、則今日赤坂表へ被相働候」と記されていて、家康は九月十三日に岐阜へ着陣し、九月十四日に赤坂へ出陣した、としていることから、情報としては正しいことがわかる。

②の、九月十四日夜、家康方の先手の上方衆が青野ヶ原へ出陣して、そこで野営した、という点について、先手の上方衆というのは、藤堂高虎、加藤嘉明、細川忠興、黒田長政など、西国に領国がある諸将のことを指すと考えられ、尾張清須城主の福島正則もその中に含まれると考えられる。これらの諸将が家康方の先手であった、という点は重要である。これら先手の諸将が九月十四日の夜に青野ヶ原へ出陣して、そこで野営したということは、同日(九月十四日)昼の家康の赤坂着陣により、先手の諸将は赤坂から西方に位置する青野ヶ原へ移動したということになる。

このことは、家康が江戸から直率《じきそつ》してきた徳川本隊は赤坂にとどまり、先手の諸将は青野ヶ原へ移動・野営した、ということになり、両者（先手の諸将と徳川本隊）が合流せず、別々に所在していたことを意味する。徳川本隊が先手の諸将と合流しなかった理由は、九月十四日の時点では、家康が直率する徳川本隊が南宮山に布陣する毛利秀元などの軍勢を直接攻撃することを企図していたからであろう〔白峰二〇一七〕。

ちなみに、「吉川広家自筆書状案（慶長五年九月十七日）」（『大日本古文書』〈吉川家文書之二〉、九一三号文書）にも、家康の（赤坂への）着陣により、ことごとく先陣衆は「青野か原」へ打ち出し、最前の陣所（赤坂）へ家康が移って入った、と記されているので、このことは上記の『藤堂家覚書』の同様の記載内容の傍証となる。

③の九月十五日の未明に「いつれも」青野ヶ原を出て、関ヶ原へ出陣した、ということは、徳川本隊の南宮山攻撃が中止されて（徳川本隊の南宮山攻撃が中止された経緯については、〔白峰二〇一七〕を参照されたい）、九月十五日未明の時点では、徳川本隊も赤坂から青野ヶ原へ移動（陣替）していた、ということを意味する。つまり、「いつれも」というのは、家康方の先手の諸将と家康が直率する徳川本隊を指すと考えられる。よって、九月十五日未明の時点では、先手の諸将と徳川本隊は青野ヶ原で合流していたことになる。

とすると、九月十五日未明に先手の諸将と徳川本隊は青野ヶ原を出て、関ヶ原へ出陣したことになるが、先手の諸将すべてが関ヶ原へ出陣したのか、あるいは、先手の諸将を関ヶ原へ向かう諸将と山中（石田方本隊が布陣していた）へ向かう諸将と二手に分けたのか、という点は、この史料の記載からはわからないので、今後の検討課題である。

青野ヶ原から関ヶ原への距離は、約八・五キロメートルであるので、九月十五日未明に青野ヶ原を出た先手の諸将と徳川本隊は、九月十五日早朝には関ヶ原へ着陣したと考えられる。

家康の関ヶ原出陣

④の、藤堂新七郎による「あさがけの首」を取った話における「あさがけ」とは、「朝駆け」という意味であろうが、この話は、藤堂新七郎が藤堂隊から単独で離れて先行し、抜け駆けをして敵の首を取った、という意味なのであろう。

とすれば、この時点（九月十五日早朝）ですでに、藤堂新七郎は敵（石田方の軍勢）と遭遇していたことを示している。

この状況を推測すると、大垣城を前日の夜（九月十四日の夜）に出て、山中へ移動行軍中の石田三成方の軍勢と、抜け駆けをした藤堂新七郎が遭遇した可能性と、関ヶ原にすでに布陣していた大谷吉継の軍勢と、抜け駆けをした藤堂新七郎が遭遇した可能性の、二つを想定できる。

⑤では、この首を家康に進上した、としていることから、九月十五日早朝の時点で、家康自身も関ヶ原に出陣していたことの証左になる。

⑥・⑦については、藤堂高虎が関ヶ原で大谷吉継と戦ったとしており、この点は注目される。つまり、九月十五日早朝の時点で、関ヶ原を戦場として、家康方の藤堂高虎と石田方の大谷吉継が戦ったことが明確にわかる。そして、石田方でありながら裏切った部将として、脇坂安治と小川祐忠の名前を記しているが、通説で同じく裏切った部将とされている赤座直《あかざなお》保《やす》、朽木《くつき》元綱《もとつな》の名前は記されていない点は注意すべきであろう。

裏切った部将名として、赤座直保、朽木元綱の名前が記されていない点は、「(慶長五年)九月十七日付松平家乗宛石川康通・彦坂元正連署状写」(『新修福岡市史』資料編、中世一)、『当代記』も同じである。裏切った部将名は、「(慶長五年)九月十七日付松平家乗宛石川康通・彦坂元正連署状写」では、小早川秀秋、脇坂安治、小川祐忠、同祐滋《すけしげ》父子の四人とし、『当代記』では、小早川秀秋、脇坂安治、小川祐滋の三人としている。

脇坂安治と小川祐忠の裏切りについては、藤堂高虎の調略によるものとしているが、この点に関しての真偽は不明である。

⑧では、藤堂高虎家臣の藤堂仁右衛門が大谷吉継家臣の湯浅五助を討ち取った、としているので、このことは、藤堂高虎が関ヶ原で大谷吉継と戦ったことの明確な証左となる。

⑨は、藤堂高虎の軍勢が優勢に戦いを進めた、ということを示している。
⑩の藤堂玄蕃（藤堂良政）の討死と、⑪の家康家臣の村越兵庫の討死については後述する。
⑫では、戦後、藤堂高虎が伊予半国を与えられて、合計二〇万三〇〇〇石になった、としている。『内閣文庫蔵諸侯年表』における「津・藤堂家」の項によれば、藤堂高虎は慶長三年（一五九八）に伊予国において一万石を加封されて合計八万石になり、慶長五年（一六〇〇）十月十八日に一二万石を加封され、伊予半国を与えられて合計二〇万石になった、という記載内容と合致する（ただし、三〇〇〇石の誤差はある）。

このように、『藤堂家覚書』における関ヶ原合戦（本戦）に関する記載箇所には、有用な情報としての記載が多く見られることがわかった。

嶋新吉と激闘の末、藤堂玄蕃が討死

上述のように、『藤堂家覚書』には藤堂玄蕃の討死について、「藤堂玄蕃討死仕候」という記載のみで、討死をした詳しい状況については記されていない。そこで、他の史料から藤堂玄蕃の討死の状況を見ると、『藤堂姓諸家等家譜集』における「藤堂玄蕃家（藤堂良政）」には、次のような記載がある。

（原文）

慶長五年、関ヶ原役外庵良政、先登して赤坂関ヶ原に轉戰、敵の陣背に出て敗走せしむ。九月十五日大戰、諸將に先んじて石田三成の陣を衝き、其の頭領島左近の男新吉、長身多力当るべからざるを見て良政馬を拍って新吉を捉へて激闘、新吉柵中に逃れんとするを追ひ打って遂に敵中に倒る。良政家臣高木平三郎等終に新吉を刺す。良政死して帰陣す。行年四十二才。

（現代語訳）

慶長五年、関ヶ原の役の時に、藤堂良政は先駆けして赤坂・関ヶ原に転戦し、敵陣のうしろに出て（敵を）敗走させた。九月十五日の（関ヶ原の）大戦では、諸将に先んじて石田三成の陣を攻めて、その頭領の島《しま》左《さ》近《こん》の息子・（島）新吉が長身で力が強いため（味方が）当たることができないのを見て、馬を走らせて、新吉をとらえて激闘になり、新吉が柵の中に逃げようとするのを追撃したが、（良政は）遂に敵陣の中で戦死した。しかし、藤堂良政の家臣・高木平三郎などがついに新吉を刺した。藤堂良政は死んで帰陣した。享年四十二歳。

（【史料33】『藤堂姓諸家等家譜集』）

また、『藤堂姓諸家等家譜集』の「藤堂玄蕃家々譜」の「初代良政」には次のような記載がある。

（原文）

関ヶ原ノ役石田三成ノ部将、嶋新吉と戦ヒ没ス、四十二才。関ヶ原ニ葬リ後伊賀上野大善寺ニ建石、諡善樹院殿浄法見徹居士、慶長五年九月十五日卒

（現代語訳）

関ヶ原の役の時に、石田三成の部将の嶋新吉と戦い没した。四十二才。関ヶ原に葬り、のちに伊賀上野の大善寺に墓標が建てられた。諡《おくりな》は善樹院殿浄法見徹居士。慶長五年九月十五日死去。

（【史料34】『藤堂姓諸家等家譜集』）

これらの記載をもとに考えると、九月十五日の関ヶ原合戦（本戦）において、藤堂玄蕃

（良政）は石田三成の軍勢と戦い、三成家臣の嶋左近の子・嶋新吉と激闘の末、討死したことがわかる。そして、上記の「九月十五日大戦、諸將に先んじて石田三成の陣を衝き」という記載からすると、藤堂高虎の軍勢は石田三成の陣を攻撃したことがわかる。石田三成は、九月十五日には関ヶ原ではなく、山中に布陣していたと考えられることから［白峰二〇一七］、藤堂玄蕃が討死した場所は関ヶ原ではなく山中だった、ということになる。

つまり、九月十五日早朝、藤堂高虎は関ヶ原で大谷吉継と戦い、その後、山中へ転戦して石田三成と戦った、という経過が理解できる。

こうした経過を知るうえで、上述した藤堂玄蕃の討死の状況というのは、重要な意味がある。

関ヶ原合戦で討死した村越兵庫

【史料32】の『藤堂家覚書』には村越兵庫の討死について、「権現様衆村越兵庫殿、此所に而討死被成候」と記されている。この記載で注意されるのは、「村越兵庫殿」というように殿付になっている点と、「討死被成候」というように敬語表現が使われている点である。これは、藤堂玄蕃の討死について、「藤堂玄蕃討死仕候」と記され、殿付とされていない点や、

「討死仕候」というように敬語表現が使われていない点とは対照的である。
このように、村越兵庫の討死について、殿付になっていることや敬語表現が使われていることの理由は、村越兵庫が「権現様衆」つまり家康家臣であったことによるものであろう。
村越兵庫について『寛永諸家系図伝』には、次のように記されている。

（原文）
「光」
兵庫允《ひやうごのぜう》
慶長五年、関原御陣のとき、大権現に供奉し、藤堂和泉守《ママ》（佐渡守カ）高虎に屬し、九月十五日に戰死す。

（現代語訳）
慶長五年、（村越兵庫は）関ヶ原の御陣の時、徳川家康に供奉《ぐぶ》し、藤堂高虎に属して（戦い）、九月十五日に戦死した。

（【史料35】『寛永諸家系図伝』）

また『寛政重修諸家譜』には、次のように記されている。


（原文）

「光《みつ》」

三十郎　兵庫允　今の呈譜、兵庫頭顯光《あきみつ》に作る。

（中略）慶長五年上杉景勝御征伐のとき、仰によりて御跡よりしたがひたてまつり、小山の御陣營にいたる。ときに石田三成反逆の聞えあるにより、御旗をかへさる。このとき御先にはせのほる。八月二十三日台徳院殿より御書をたまふ。九月十五日關原の役に藤堂佐渡守高虎が手に屬し、敵と戰て討死す。


（現代語訳）

慶長五年、（村越兵庫は）上杉討伐の時に、（家康の）命により（家康の行軍の）あとから従い、小山の陣営に着いた。その時に、石田三成が反逆したという知らせがあったため、（上杉討伐を中止して、家康は軍勢を上方へ向けて）返すことになった。この時、（村越兵庫は家康よりも）先に西上した。八月二十三日に徳川秀忠より書状を賜った。九月十五日の関ヶ原の役では、藤堂高虎の軍勢に属し、敵と戦って討死した。

（【史料36】『寛政重修諸家譜』）

このように、『寛永諸家系図伝』『寛政重修諸家譜』ともに、村越兵庫について、九月十五日に関ヶ原合戦で討死した、としているので、この点は上述した『藤堂家覚書』の記載と合致する。

ただし、『寛永諸家系図伝』『寛政重修諸家譜』では、村越兵庫は藤堂高虎の軍勢に属した、としているが、これはどのような意味なのであろうか。この箇所について、『寛永諸家系図伝』と『寛政重修諸家譜』の記載を比較すると、微妙に書き方が異なっており、『寛永諸家系図伝』では「大権現に供奉し、藤堂和泉守《ママ》（佐渡守カ）高虎に屬し」とし、『寛政重修諸家譜』では「藤堂佐渡守高虎が手に屬し」となっていて、『寛政重修諸家譜』では「大権現に供奉し」という記載が消えている。しかし、この「大権現に供奉し」という記載には、後述するように重要な意味があると考えられる。

家康の徳川本隊に属して戦った村越兵庫

『寛永諸家系図伝』『寛政重修諸家譜』によれば、村越兵庫の父である「光（七郎左衛門）」

は松平清康《きよやす》（家康の祖父）、松平広忠《ひろただ》（家康の父）、家康に歴仕《れきし》した人物であることから、村越家は生粋《きっすい》の三河武士として松平家の股肱《ここう》の臣であったことがわかる。

村越兵庫の詳しい履歴については、『寛政重修諸家譜』によれば、

❶村越兵庫は当初、家を継いで家康に勤仕したものの、家康の勘気により三河国を去り、羽柴秀長《はしばひでなが》に仕えて大和国内で一〇〇〇石を与えられた

❷その後、羽柴秀長の尽力により家康の勘気は解けたが、なお羽柴秀長に続けて仕えた

❸羽柴秀長の子（養子）の秀俊（ママ）（秀保《ひでやす》カ）が死去して改易《かいえき》になったので、豊臣秀吉の死後、徳川家に召し返され、再び徳川家に仕えることになった

という経緯がわかる。

この経緯を考慮すると、九月十五日の関ヶ原合戦の時点で、村越兵庫は家康家臣として戦ったことは明らかである。

上記の『寛政重修諸家譜』の記載によれば、村越兵庫は家康よりも先発して西上しているので、九月一日の家康の江戸出陣の時点では、すでに西上していたことになる。

その証左として、「八月二十二日付村越兵庫頭宛徳川秀忠書状写」（『記録御用所本古文書』

上巻）を次に引用する。

（原文）

猶ゝ今度長ゝ御苦身察入候、節ゝ以書状成共、可申入処、何角与取紛、不任心中、無音所存之外候、已上

雖無差儀候、令啓述候、于今其元御在留（「候」脱ヵ）哉、御床敷候、当表隙明候間、信州真田表為仕置、明廿四日令出馬候、猶彼地より可申伸候、恐ゝ謹言

江戸中納言

御諱御書判

八月廿三日

村越兵庫頭殿

御宿所

（現代語訳）

さしたることはないが（以下のことを）述べる。現在もそちらにとどまっているのであろうか。（そちらの状況が）知りたい。こちら（下野国宇都宮）では、隙明《ひまあき》になったので（秀忠は）信濃国の真田方面の仕置のために明日（八月）二十四日に（宇都宮から）出陣

する予定である。なお（後日）その地から申し述べるつもりである。恐々謹言。
（追伸）なお、このたびは（村越兵庫が）長々と苦心していることと推察する。その時々に（秀忠から村越兵庫へ）書状をもって申し入れるべきところであったが、なにかと取り紛れて心中に任せず音信をしていないことは遺憾である。

【史料37】（慶長五年）八月二十三日付村越兵庫頭宛徳川秀忠書状写）

徳川秀忠像（松平西福寺蔵）

この書状は、八月二十三日付で徳川秀忠が、村越兵庫に対して出したものである（上記の『寛政重修諸家譜』に「八月二十三日台徳院殿より御書をたまふ」とあるのは、この書状を指す）。内容としては、秀忠は「当表（＝宇都宮）」が「隙明」になったので、信州真田《さなだ》表で仕置を申し付けるため、明日八月二十四日にそれまで在陣していた宇都宮から出馬する予定であることを述べている。

そして、村越兵庫に対しては、今も「其元」に「御在留」しているのか、と問い掛けている。しかも、「今度長〻御苦身」と記されていることからすると、「其元」で村越兵庫が「御在留」している期間は「長〻」と言えるほどの一定期間であったことになる。宛所の脇付《わきづけ》（宛所の左下に書き添えた語）に「御宿所」と記されていることから、八月二十三日の時点で、村越兵庫は徳川家の領国である関東地方から離れて、他地域に移動していたことがわかる。

それでは、八月二十三日の時点で、村越兵庫が「御在留」していた「其元」とはどこなのであろうか。

上記の『寛政重修諸家譜』の記載によれば、諸将が西上した時に村越兵庫も西上したことがわかるので、七月下旬の諸将の西上からすでに約一ヶ月が経過しており、上述した「長〻」という記載も首肯できる。そうすると、上記の「其元」とは、家康方の諸将が集結していた清須城を指すと考えられる。

そして、村越兵庫が先発して西上した際には、藤堂高虎の軍勢に属して動いたと考えられる。そのことが『寛永諸家系図伝』の「藤堂和泉守《（ママ）》（佐渡守カ）高虎に屬し」、『寛政重修諸家譜』の「藤堂佐渡守高虎が手に屬し」という記載を指すのであろう。よって、関ヶ原合戦（九月十五日）では「大權現に供奉し」（『寛永諸家系図伝』の記載）て戦ったという状態であったと考えられる。

とすると、村越兵庫は家康の徳川本隊に属して戦って討死した、ということになり、このことは家康の徳川本隊が関ヶ原を戦場として、九月十五日早朝に大谷吉継隊と戦ったことを示している。そのため、村越兵庫の討死の状況というのは、重要な意味がある。

大谷隊の「関ヶ原」布陣を裏づける別史料

『藤堂家覚書』以外の藤堂家関係史料から、関ヶ原合戦（本戦）に関する記載を引用すると、以下のようになる。

『藤堂家覚書』では、上述のように、藤堂新七郎は「あさがけの首」を取り、これが「諸手一番首」であった、としているが、『藤堂姓諸家等家譜集』における「藤堂新七郎家」（藤堂良勝）には、次のような記載がある。

（原文）

慶長五年関ヶ原の役前夜《ママ》岐阜を攻め、南宮山下《関ヶ原》に大谷刑部を攻めて著功あり。

（現代語訳）

慶長五年、（藤堂新七郎は）関ヶ原の役の前夜《ママ》（「前夜」は「前」の誤記カ）に岐阜（城）

を攻め、（関ヶ原合戦では）南宮山下の関ヶ原で大谷吉継を攻めて著しい戦功があった。

（【史料38】『藤堂姓諸家等家譜集』）

このように、『藤堂姓諸家等家譜集』には、藤堂新七郎（藤堂良勝）が「あさがけの首」を取った話は記されていない。しかし、藤堂高虎の軍勢が大谷吉継と戦ったことがわかり、大谷吉継を攻めた場所（位置）について、「関ヶ原」＝「南宮山下」としている点は注目される。つまり、大谷吉継が布陣した場所は「関ヶ原」であり、位置的には「南宮山」の下としているので、石田方の諸将が布陣した山中でなかったことは明白である。

『藤堂家覚書』では、上述のように、藤堂仁右衛門が大谷吉継家臣の湯浅五助という母衣の者を討ち取った、としているが、『藤堂姓諸家等家譜集』における「（鈴木）藤堂仁右衛門家（藤堂高刑）」には、次のような記載がある。

（原文）

関ヶ原の役、高刑先登して大谷刑部の塞に向う時、同家重臣なる豪傑湯浅五助馬上して大きく陣前に構う。高刑、弓を射かけさせ鎗を以て之を捉う。五助又鎗を持って戦う事三十合。遂に五助を馬より落し直に刺す。五助地に伏すを連刺三四回終に首を獲って献ず。家康公首を視て五助は天下の硬漢、誰が之を獲ったかと。高虎公実況を具申し、家康公が称嘆限りなし。

（現代語訳）
関ヶ原の役において、藤堂高刑（藤堂仁右衛門）は先駆けして大谷吉継の陣に向かった時、大谷家の重臣である豪傑の湯浅五助は馬上にて大きく陣前に構えていた。（これに対して）藤堂高刑は弓を射かけさせ、（藤堂高刑自身は）鎗を持ってとらえようとし、湯浅五助もまた鎗を持って対戦し、その戦いは三十回に及んだ。（そして）遂に湯浅五助を馬から落として、すぐに（鎗で）刺した。湯浅五助は地に伏せたが、続けて三、四回（鎗で）刺して遂に（湯浅五助の）首を取って（家康に）献上した。家康はこの首を見て「湯浅五助は天下の豪傑である。だれがこの首を取ったのか」と聞いたので、藤堂高虎は、藤堂高刑が湯浅五助の首を取った状況を詳しく述べて、（それを聞いて）家康からの（藤堂高刑に対する）賞賛は限りがなかった。

（【史料39】『藤堂姓諸家等家譜集』）

このように、『藤堂家覚書』と同様に、藤堂仁右衛門（藤堂高刑）が大谷吉継の家臣・湯浅五助と戦って討ち取ったことが記されているが、記載内容がより具体的になっており、

『藤堂姓諸家等家譜集』における「藤堂仁右衛門家々譜」の「初代高刑」には「関ヶ原役、大谷刑部の猛将湯浅五助ヲ討チ、首ヲ家康公ニ献ズ。新ニ鎗ヲ賜ハリ家宝トス」と記されている。

上述した『藤堂姓諸家等家譜集』の藤堂新七郎（藤堂良勝）の記載と同じく、藤堂高虎の軍勢が大谷吉継の軍勢と戦ったという点は一致している。

ちなみに、『寛永諸家系図伝』（藤堂高虎の項）でも、「すでに高虎賊徒大谷刑部少輔を撃やぶる時、高虎が家人藤堂仁右衛門高刑、高虎か甥。大谷が兵湯浅五助をうちとる」と記されていて、藤堂高虎は大谷吉継と戦った、としている。

関ヶ原から山中へ転戦した藤堂隊

以上のように、『藤堂家覚書』の関ヶ原合戦（本戦）に関する記載内容から、九月十五日早朝に、家康方の藤堂高虎と石田方の大谷吉継が戦ったことが明確になった。そして、家康家臣の村越兵庫の討死の記載から、九月十五日早朝に、徳川本隊も関ヶ原で大谷吉継隊と戦ったことがわかる。

また、『藤堂姓諸家等家譜集』など藤堂家の関係史料により、藤堂玄蕃の討死の状況から

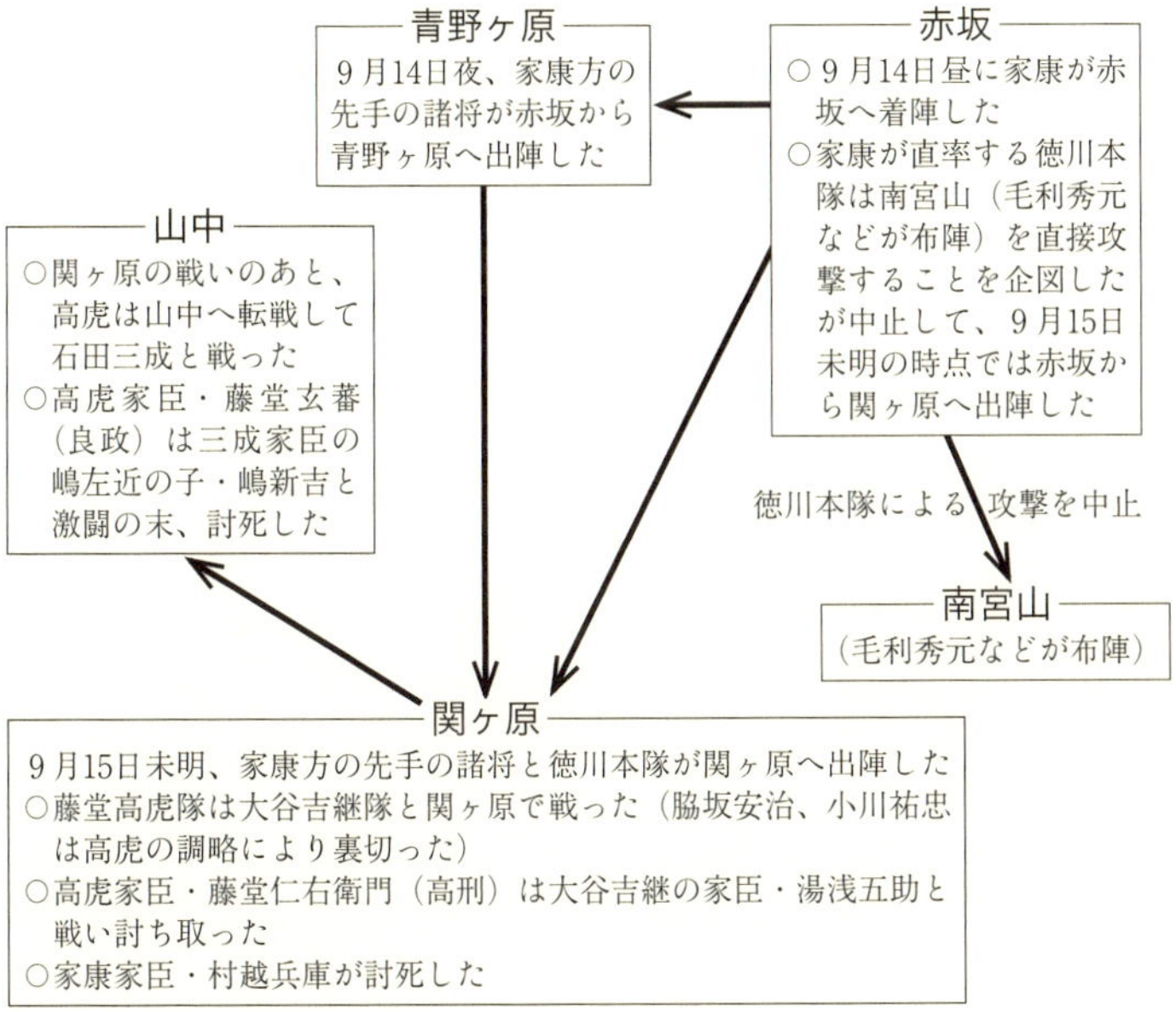

〈図２〉家康方の先手諸将と徳川本隊の動き（9月14日～15日）

考えると、藤堂高虎はその後、山中へ転戦して、石田三成と戦ったということがわかる。

このように、九月十五日早朝に家康が直率する徳川本隊が、関ヶ原で大谷吉継隊と戦ったことが明確になったことは、拙稿［白峰二〇一七］の見解を裏づけるものであり注目される。さらに、関ヶ原で大谷吉継と戦った家康方の部将として、藤堂高虎の名前が明確になった意義も大きい。上述のように、藤堂高虎は関ヶ原で大谷吉継と戦ったあと、山中へ転戦して石田三成の軍勢と戦っていることもわかったが、また、藤堂高虎は先《さき》手《て》の上方衆の一人であったことから、藤堂高虎と同様、関ヶ原で大谷吉継と戦ったあと、山中へ転戦して石田三成の軍勢と戦った他の部将（先手の上方衆）もいた可能性が考えられる。しかし、この点の検討は今後の課題としたい。

そのほか、『藤堂家覚書』の関ヶ原合戦（本戦）に関する記載部分には、小早川秀秋の裏切りについての記載がないが、この点の理由の検討についても今後の課題としたい。

なお、上述した家康方先手諸将と家康が直率した徳川本隊の動きを図化して、〈図2〉として示した。

《付記1》

嶋左近については、二〇一五年十一月に二通の嶋左近書状（「（天正十八年）七月十九日付小貫頼久宛嶋左近書状」「（天正十八年）七月二十五日付東義久宛嶋左近書状」）が発見された（「二〇一六年七月二日付毎日新聞」）。その調査を担当した村井祐樹氏（当時、東京大学史料編纂所助教）によれば、その書状から実名が「嶋左近清興《きよおき》」（「島」ではない）であることや、嶋左近が、豊臣秀吉に臣従することとなった常陸佐竹氏との交渉に当たっていることがわかった［村井二〇一六］。この二通の嶋左近書状は、「初めて見つかった嶋左近の手紙には何が書かれていたのか？」（『歴史人』二〇一六年十一月号）、図録『石田三成と西軍の関ヶ原合戦』に紹介されているので参照されたい。

また、谷徹也編著『石田三成』における「総論　石田三成論」（執筆は谷徹也氏）の中の「家臣団の活動」では、「①島左近の実像」として「嶋左近」の関係史料について考察されている。

この中で、谷氏は「三成に仕えてからも、旧主の筒井《つつい》氏との関係は続いていたことが判明する」と指摘している。前掲「①島左近の実像」で引用されている史料（『多聞院日記』など）を見ても、「嶋左近」と表記されており、「島」ではなく、「嶋」の表記が正しいことがわかる。前掲「①島左近の実像」の引用箇所では、春日《かすが》大社《たいしや》の本殿南門の右側に現存する燈籠《とうろう》には、天正五年四月二十二日付で「春日社奉寄進嶋左近丞清興」と刻印されている、としているので、この点からも「嶋左近」の実名が「清興」であることがわかる。

《付記2》

二〇一八年三月十九日付の中日新聞（岐阜版）に、関ケ原町に残る大谷吉継の墓に戒名と没年月日が彫られていたことが、関ケ原町の調査でわかった、という記事が掲載されている。この記事の中で、関ケ原町は、この墓の建立に関わったと伝わる藤堂家との関係も今後明らかにしていく、と記されている。

この大谷吉継の墓を藤堂家が建立したという伝承は、藤堂高虎隊が関ヶ原で大谷吉継隊と戦ったことの証左となるだろう。

《付記3》

上述のように、『藤堂家覚書』の関ヶ原の戦い（本戦）に関する記載部分には、小早川秀秋の裏切りについての記載はないが、小早川秀秋が山中ではなく関ヶ原で戦ったことについては、「（慶長五年）九月二十四日付小早川秀秋宛徳川家康書状」（『新修福岡市史』資料編、近世一）に、この度の「関ヶ原御忠節」のことについては誠に感悦の至りである、と記されていることがその証左となる。

「（慶長五年）九月十五日付伊達政宗宛徳川家康書状」（中村孝也『徳川家康文書の研究』中巻）では、「濃州山中」において一戦に及び、宇喜多秀家、島津義弘、小西行長、石田三成の「人衆」をことごとく討ち捕らえた、と記されている。よって、家康は小西行長、石田三成などと戦った主戦場である山中と、小早川秀秋が戦った関ヶ原を位置的に別々の場所であると認識していたことは明らかである。

なお、小早川秀秋の裏切りにより大谷吉継が討死したことは、「（慶長五年）九月二十日付近衛《このえ》信《のぶ》尹《ただ》宛近衛前久《さきひさ》書状」に記されている（藤井二〇一七、白峰二〇一五）。よって、大谷吉継は山中ではなく、関ヶ原で戦って討死したことになる。

現在の通説では、小早川秀秋の布陣位置は松尾山としているが、開戦時も含めて小早川秀秋が松尾山に布陣していたとする一次史料は管見の限りでは確認できない。本書の第四章で検討したように、保科正光書状では、小早川秀秋が大垣城に籠城していた、としていることから、小早川秀秋は大垣城から出陣して関ヶ原に布陣したと想定できる。ただし、石田三成などの諸将が大垣城から出陣した九月十四日夜よりも早い段階で、小早川秀秋は大谷吉継と共に、石田三成などとは別行動で大垣城から出陣して関ヶ原に布陣した、と推測されるが、この点については今後さらに考察を重ねる必要がある。

エピローグ――関ヶ原合戦から大坂の陣へ

関ヶ原合戦以降、大坂の陣への歴史的経過というのは、「秀吉死後、大坂の陣における豊臣氏の滅亡に至る過程」であり、「同時に家康による政権樹立の過程であり、家康による豊臣氏追い落としが具体的にみられてくる」〔小和田一九九九〕わけであるが、関ヶ原合戦だけでなく、大坂の陣をどのように位置づけるべきなのか、という点も重要な問題である。

そもそも、なぜ徳川家康は、豊臣秀頼を改易できなかったのか、改易で済めば、わざわざ戦争（大坂の陣）をする必要はなかったはずである。現在の通説的見方では、大坂の陣は、徳川が主、豊臣が従という見方であるが、徳川と豊臣を対等の関係で見ないと、大坂の陣というのは政治的に正しく理解できない。

笠谷和比古氏による二重公儀論《にじゆうこうぎ》に立脚すれば、豊臣公儀と徳川公儀は対等であることがわかるので〔笠谷二〇〇〇〕、大坂の陣は、両者の政治交渉の失敗から戦争に発展した、という見方が正しいと思われる。よって、家康が豊臣公儀を残す選択肢というのは、最初から一〇〇％なかったと思われる。徳川家康が豊臣秀頼を改易できなかった理由は、一方の公儀（徳川公儀）が他方の公儀（豊臣公儀）を改易することはできなかったからであり、戦争で決着するしかなかったからである。

豊臣秀吉は、旧主君（織田信長）の息子である織田信雄を、小田原の陣のあと改易している。しかし、家康は秀頼を改易できなかった。その点を比較すると、織田信雄は公儀を形成できなかったが（つまり、天下人ではなかった）、秀頼は公儀（豊臣公儀）の主宰者として諸大名も認めていた、という違いがある。

通説の見解では、秀頼はついに天下人になることができずに大坂夏の陣で死去した、ということになっている。しかし、秀頼は、天下人として独裁者であった秀吉が後継指名した時点で次期天下人に確定したのであって、秀吉死去（慶長三年〔一五九八〕）後は、即時に、豊臣公儀の主宰者として天下人になったのである。独裁者であった秀吉が、独裁国家の後継者として実子の秀頼を指名した以上、秀吉の次の天下人は秀頼であって、このことは、諸大名はもちろん、豊臣政権下で当時、最大の大名であった家康でさえ、覆すことはできなかった。

家康は慶長八年（一六〇三）に征夷大将軍に就任して、徳川公儀の主宰者になったが、このことは、この時点で豊臣公儀が消滅したことを意味せず、豊臣公儀のスキームはそのまま継続した（秀頼は死去するまで天下人という位置づけは変わらなかった）。その意味では、大坂の陣は、私見では、幕府vs.大名という見方ではなく、徳川公儀と豊臣公儀の決戦（徳川家康と豊臣秀頼という二人の天下人の決戦）であった、と考えられる。

遡《さかのぼ》って考えると、秀吉は武家の出身ではないことは、当時、誰もが知っていたので、どんなに系図を捏造しても、秀吉が平氏や源氏の出身であると偽ることには無理があった。その意味では、もともと武家の出身でない、出自もあやしい秀吉が武家の棟梁《とうりょう》（＝征夷大将軍）になる、という理屈自体が無理なことだったので（その点が武家出身の織田信長や徳川家康と異なる）、武家関白（朝廷の一員）になり、源平藤橘《げんぺいとうきつ》に並ぶ「豊臣」という「氏」を朝廷（天皇）から賜り、「豊臣」という新しい権威（ブランド）を創出して〝エセ貴族〟になるのが、天下人へのてっとり早い道だった、と思われる。

秀吉が武家関白というイレギュラーな形で政権を作ったのは、信長や家康と違って、武家の出身ではなく、低い階層から天下を取ったので、自分自身には何の権威もなかったことをよく知っていたし、世間もそのように自分を見ていたことをよくわかっていたから、と思われる。関白というのは、文句のつけようがない朝廷の権威であり、「豊臣」の「氏」は、これまでの源平藤橘に並ぶ新しい権威（ブランド）であった。

近年では、織田、徳川は苗字《みょうじ》なので、その意味では「羽柴政権」と呼んでも支障はない、という見解があるが、そうした見解は、政治史の流れを無視した乱暴な見方ではないだろうか。秀吉は信長、家康と違って、生まれながらの先代から引き継いだ家臣など一人もいなかったし、低い平民の出身であったので（少なくとも武家の出身ではない）、朝廷の権威づけが何よりも必要であり、その過程で、上述したように「豊臣」の「氏」を朝廷（天皇）から与えられて、源平藤橘と同じレベルになることが政治的に必要であった。生まれながらのブランドが何もなかった秀吉が、そうした政治手法を取る（豊臣ブランドの創出）のは当然の帰結であった。よって、「羽柴」が主宰する政権など、政治的には何の意味もなかったことがわかるので、「羽柴政権」という呼称には違和感を感じる。

徳川政権を「松平政権」と呼称しないのと同様に、「羽柴政権」ではなく、「豊臣政権」（「豊臣公儀」）という呼称でよい、と思われる。「羽柴政権」が正しい呼称であれば、「羽柴公儀」という呼称も正しい呼称になるはずだが、そうした使用例は見られない。つまり、「羽柴政権」＝「羽柴公儀」という図式が成立しない以上、「羽柴政権」という理解自体が矛盾しているのである。

大坂の陣に至る経過で、片桐且元は豊臣方のキーマンの一人であるが、豊臣氏の執事的立場にすぎず、豊臣氏を代表して家康との政治交渉をとりまとめることができるレベルの人物ではなかった。現在の通説的見解では、片桐且元を過大評価するきらいもあるが、もともとは関ヶ原合戦の結果、石田三成など五奉行クラスの政治的力量がある重要人物がいなくなり、消去法で残った人物にすぎない。この点にも、関ヶ原合戦の結果が影響している。

家康は開戦直前には、秀頼に大坂城退去を条件提示しているが〔黒田二〇一七〕、大坂城は豊臣秀頼が父である秀吉から継承した城であり、家康から与えられた城ではないので、家康が（秀頼の国替えや大坂城退去を）どうこう言える立場にはなかった。そのため、秀頼が転封を受諾するということは、秀頼が徳川との主従関係に組み込まれることなので、当然、断るであろうという前提で、無理筋ということは家康もよくわかっていたと思われるが、それでも家康が押し通す（家康が秀頼に無理強いすること）のが、政治というものだったのであろう。

大坂の陣を「羽柴家崩壊」ととらえるのは〔黒田二〇一七〕、明治維新を「徳川家崩壊」ととらえるのと同様に、正確な見方とは思えない。明治維新は、江戸幕府（徳川幕府）という、それまでの政治的スキームが崩壊した点に重要な政治的意味があるのであって、徳川家に限定した見方が成立しないことは自明である。よって、大坂の陣は、天下人・秀吉が創出し、秀頼が天下人を継承した豊臣公儀という、それまでの政治的スキームが消滅したことに政治的意味があるので、「羽柴家崩壊」ではなく「豊臣公儀消滅」という見方をした方が良いだろう。

以上の経過を考慮すると、関ヶ原合戦というのは、結果的に「豊臣公儀消滅」に向けての最初の起点になった、と評価できる。上述したように、大坂の陣に至る経過で、「豊臣公儀」

サイドには片桐且元クラスの人物しか残っていなかった、という点も、「豊臣公儀」の弱体化（人材不足）という意味で、関ヶ原合戦の結果の影響を受けている。

家康がいつから大坂城攻めを考えたのか、という点については、関ヶ原合戦直後の時点で、家康が前田利長宛の書状において「すぐに（大坂城を）乗り掛けて攻め崩すべきであるが、（大坂城は）秀頼様の御座所であるので（大坂城攻めを）延期した」（「九月二十二日付前田利長宛徳川家康書状写」、中村孝也『徳川家康文書の研究』中巻）と明記していることが注目される。

この記載からは、関ヶ原合戦直後において、家康がすでに大坂城攻めの意志（家康の本音）を持っていたことがわかるとともに、大坂城が秀頼様の御座所《ござしょ》であるので大坂城攻めを延期した、としていることは、関ヶ原合戦直後の時点では、家康よりも秀頼の政治的地位が上であったことを示している。逆に言えば、秀頼の政治的地位が低下すれば、大坂城攻めを実行できる、というように読み取れる。

上記の記載は、原文では「乗懸雖可責崩候、秀頼様御座所ニ而候間、致遠慮候」と記されているが、この場合の「遠慮」とは、現代語の「遠慮」＝「さしひかえる」という意味ではなく、「遠慮」＝「将来のことを考えめぐらすこと、または、将来に備えて用意すること」（『邦訳日葡』）という意味であるので、家康は大坂城攻めを取り止めたのではなく、大坂城攻めの意思を継続して準備しつつ延期した、という解釈になる。

関ヶ原合戦直後において、こうした考えを家康が持っていた要因として、関ヶ原合戦の勝利が関係していたことは言うまでもない。その意味では、このことも、上述したように、関ヶ原合戦が「豊臣公儀消滅」に向けての最初の起点になった、という点と直接関係している。関

このように、関ヶ原合戦の歴史的意義としては、その後の「豊臣公儀消滅」に向けての最初の起点になった、と位置づけることができる。このことは、マクロに見れば、「中世から近世へ」という時代の転換を最も象徴する出来事であると同時に、それまでの慶長期における二重公儀（私見では、この公儀論の本質からすれば「二元公儀」という呼称も可能であると思っている）が解消され、徳川の単独公儀（一元公儀）が成立することへの最初の起点になった、と評価することもできよう。

おわりに

私は小学生の頃から他人と同じことをするのが大嫌いな性格で、そのためか、若い頃はまわりの〝大人たち〟から厳しい目で見られることも多く、困惑した時期もあった。しかし、そうした性格が研究者としては幸いしたのか、論文を執筆する際のフォーカスの置き方などに少しは役に立ったのかもしれない、と思っている。

そのような生意気な少年であった自分も今では歳を取り、来年（二〇二〇年）には還暦を迎える年齢になってしまった。もはや、若手研究者と言える歳でもなくなってしまったのである。自分が若い頃、まわりにいた厳しい〝大人たち〟も、今では故人となってしまった人も多く、つくづく年月の流れを感じてしまう。

私の父・白峰忠はすでに物故しているが、国立大学の工学部（専攻は土木工学）出身で謹厳実直な地方公務員であった。大変厳しい人であったため、父の生前、私は学業で褒められたことは一度もなかったが、その父が当時、認めていた出版社は平凡社と岩波書店だけであった。私が小学生だった頃、難しいタイトルの岩波文庫や岩波新書が何冊も我が家の書棚に揃っていたし、平凡社の『世界大百科事典』は、父が刊行時にローンで購入したため、各巻の刊行のたび、『世界大百科事典』専用の本箱に一巻ずつ増えていったことをよく覚えている。そして、本書の刊行が内々で決まった頃、私は珍しく、父の夢を見たのだが、その夢の中で父から「その本の原稿のゲラを見せてみろ」と言われたところで目が覚めた。これまで私は何冊も本を出しているが、このような夢を見たのは初めてのことであった。

このような夢を見たことは、生前厳しかった父が現在の私を少しは認めてくれたのかも知れない、と思うと同時に、父が評価していた平凡社から著書を出せたことを喜んでくれているのかもしれない、と思っている。

本書の刊行にあたっては、平凡社編集部の坂田修治氏の御尽力が大きかったので、大変感謝している。坂田氏からは、関ヶ原合戦に関する本の刊行についてお声を掛けていただき、その後、刊行に向けての構想について、いろいろと御配慮をいただきながら十分に話し合うことができた。そして実際の制作段階では、とくに初校ゲラ作成において非常に丁寧な作業をしていただいた。

関ヶ原合戦に関しては、近年いろいろな意味で議論が活発になっている分野であるので、そうした議論に一石を投じる内容として、本書が多くの読者に手に取っていただくことを願ってやまない。

二〇一九年七月二十五日

白峰　旬

初出一覧

＊本書への収録にあたり、随所に地図・肖像などの図版類を新規掲載した。
また原稿内容に一部、加筆・修正を施した。

プロローグ　新稿

第一章　「豊臣七将襲撃事件（慶長四年閏三月）は「武装襲撃事件」ではなく単なる「訴訟騒動」である——フィクションとしての豊臣七将襲撃事件」（『史学論叢』四八号、二〇一八年）

補論　「石田・毛利連合政権の発給書状についての時系列データベース（補遺）〔その一〕」（『別府大学紀要』六〇号、二〇一九年）

第二章　「『十六・七世紀イエズス会日本報告集』における関ヶ原の戦い関連の記載についての考察（その一）——関ヶ原の戦いに至る政治状況と関ヶ原の戦い当日の実戦の状況」（『別府大学大学院紀要』一七号、二〇一五年）

第三章　「『十六・七世紀イエズス会日本報告集』における関ヶ原の戦い関連の記載についての考察（その二）——関ヶ原の戦いに至る政治状況と関ヶ原の戦い当日の実戦の状況」（『史学論叢』四五号、二〇一五年）

補論　同右

第四章　「「（慶長五年）八月二十九日付保科正光書状」について——保科正光が描く大垣城攻防をめぐる具体的戦局シミュレーション」（『愛城研報告』一五号、二〇一一年）

第五章　「（慶長五年）七月二十一日付黒田如水宛加藤清正書状」の検討箇所……「関ヶ原の戦い関係の一次史料についての検討（その一）——鍋島家関係文書を中心に」（『愛城研報告』二二号、二〇一八年）
「（慶長五年）九月十二日付増田長盛宛石田三成書状写」の検討箇所……同右
「（慶長五年）九月二十五日付井伊直政宛結城秀康書状写」の検討箇所……同右
「（慶長五年）九月十日付宍甘四郎左衛門他九名宛宇喜多秀家書状写」の検討箇所……新稿

第六章　「藤堂高虎隊は関ヶ原で大谷吉継隊と戦った——『藤堂家覚書』の記載検討を中心に」（『十六世紀史論叢』九号、二〇一八年）

エピローグ　新稿

主要参考文献

史料（順不同）

松田毅一監訳『十六・七世紀イエズス会日本報告集』第Ⅰ期第一巻（一五八八～一五九二年　同朋舎出版、一九八七年）
同『十六・七世紀イエズス会日本報告集』第Ⅰ期第二巻（一五九四～一五九六年　同朋舎出版、一九八七年）
同『十六・七世紀イエズス会日本報告集』第Ⅰ期第三巻（一五九七～一六〇一年　同朋舎出版、一九八八年）
同『十六・七世紀イエズス会日本報告集』第Ⅰ期第四巻（一六〇一～一六〇四年　同朋舎出版、一九八八年）
同『十六・七世紀イエズス会日本報告集』第Ⅰ期第五巻（一六〇五～一六〇七年　同朋舎出版、一九八八年）
同『十六・七世紀イエズス会日本報告集』第Ⅱ期第一巻（一六〇五～一六一二年　同朋舎出版、一九九〇年）
同『十六・七世紀イエズス会日本報告集』第Ⅱ期第二巻（一六一三～一六一八年　同朋舎出版、一

九九六年）
カール・フォン・クラウゼヴィッツ『戦争論（レクラム版）』（日本クラウゼヴィッツ学会訳（訳者：郷田豊、鈴木善勝、川村康之）、芙蓉書房出版、二〇〇一年）
東京大学史料編纂所編『大日本古記録　言経卿記』九（岩波書店、一九七五年）
酒井信彦校訂『史料纂集　義演准后日記』第二（続群書類従完成会、一九八四年）
鎌田純一校訂『史料纂集　舜旧記』第一（続群書類従完成会、一九七〇年）
竹内秀雄校訂『史料纂集　北野社家日記』第五（続群書類従完成会、一九七三年）
近衛通隆・名和修・橋本政宣校訂『史料纂集　三藐院記』（続群書類従完成会、一九七五年）
塙保己一編・太田藤四郎補『続群書類従・補遺三　お湯殿の上の日記』九（続群書類従完成会、一九九五年）
竹内理三編『増補　続史料大成　多聞院日記』五（臨川書店、一九七八年）
中村孝也『徳川家康文書の研究』中巻（日本学術振興会、一九五九年）
佐賀県立図書館編『佐賀県史料集成』古文書編七巻（佐賀県立図書館、一九六三年）
同　『佐賀県史料集成』古文書編一一巻（佐賀県立図書館、一九七〇年）
侯爵前田家編輯部編輯『加賀藩史料』第一編（侯爵前田家編輯部、一九二九年）
米山一政編『真田家文書』上巻（長野市、一九八一年発行、二〇〇五年改訂）
福岡市史編集委員会編集『新修福岡市史』資料編、中世一（福岡市、二〇一〇年）
福岡市史編集委員会編集『新修福岡市史』資料編、近世一（福岡市、二〇一一年）
貝原益軒編著『黒田家譜』（歴史図書社、一九八〇年）

茨城県立歴史館編『茨城県史料』中世編Ⅴ（茨城県、一九九四年）
大石泰史編『井伊直政文書集』（戦国史研究会史料集五　戦国史研究会、二〇一七年）
『藤堂家覚書』（近藤瓶城編『改定史籍集覧』第一五冊　近藤活版所、一八九二年〔臨川書店、一九八四年復刻〕）
『史籍雑纂　當代記　駿府記』（続群書類従完成会、一九九五年）
徳川義宣著『新修徳川家康文書の研究』第二輯（財団法人徳川黎明会、二〇〇六年）
児玉幸多監修・新田完三編『内閣文庫蔵諸侯年表』（東京堂出版、一九八四年）
林泉編著『藤堂姓諸家等家譜集』（林泉〔発行〕、一九八四年）
堀田正敦編『新訂寛政重修諸家譜』第十六（続群書類従完成会、一九六五年）
太田資宗ほか編・斎木一馬ほか校訂『寛永諸家系図伝』第十（続群書類従完成会、一九八六年）
同　『寛永諸家系図伝』第十一（続群書類従完成会、一九八七年）
神崎彰利監修・下山治久編『記録御用所本古文書――近世旗本家伝文書集』上巻（東京堂出版、二〇〇〇年）
東京大学史料編纂所編纂『大日本古文書　浅野家文書』（東京大学出版会、一九〇六年発行、一九六八年覆刻）
同　『大日本古文書　吉川家文書之一』（東京大学出版会、一九二五年発行、一九九七年覆刻）
同　『大日本古文書　吉川家文書之二』（東京大学出版会、一九二六年発行、一九九七年覆刻）
同　『大日本古文書　吉川家文書別集』（東京大学出版会、一九三二年発行、一九九七年覆刻）

覆刻）
福岡市博物館編纂『黒田家文書』第一巻〈本編〉（福岡市博物館、一九九九年）
八代市立博物館未来の森ミュージアム編『松井文庫所蔵古文書調査報告書』二（八代市立博物館未来の森ミュージアム、一九九七年）
八代市立博物館未来の森ミュージアム編『松井家三代——文武に生きた人々』（八代の歴史と文化Ⅴ　八代市立博物館未来の森ミュージアム、一九九五年）
長浜市長浜城歴史博物館企画・編集『石田三成と西軍の関ヶ原合戦』（長浜市長浜城歴史博物館、二〇一六年）
信濃史料刊行会編『新編信濃史料叢書』二巻（信濃史料刊行会、一九七二年）
久世町史資料編編纂委員会編『久世町史』資料編一巻〈編年資料〉（久世町教育委員会、二〇〇四年）
仙台市史編さん委員会編集『仙台市史』資料編一一（伊達政宗文書二　仙台市、二〇〇三年）
参謀本部編纂『日本戦史　関原役（本編）』（日本戦史編纂委員撰　版権所有参謀本部、元眞社、一九一一年〈明治四十四年〉、三版）。　※同書奥付によれば初版は一八九三年（明治二十六年）。
神谷道一『関原合戦図志』（小林新兵衛〔発行〕、一八九二年）

単行書（五十音順）
伊藤真昭『京都の寺社と豊臣政権』（日本仏教史研究叢書　法藏館、二〇〇三年）
『大阪城天守閣紀要』四二号（大阪城天守閣編集・発行、二〇一八年）　※該当史料については宮本裕次氏が解説を執筆。

井上泰至・湯浅佳子編『関ヶ原合戦を読む――慶長軍記　翻刻・解説』（勉誠出版、二〇一九年）
大西泰正『前田利家・利長――創られた「加賀百万石」伝説』（中世から近世へ　平凡社、二〇一九年）
小和田哲男『関ヶ原から大坂の陣へ』（新人物往来社、一九九九年）
笠谷和比古『関ヶ原合戦と近世の国制』（思文閣出版、二〇〇〇年）
黒田基樹『羽柴家崩壊――茶々と片桐且元の懊悩』（中世から近世へ　平凡社、二〇一七年）
白峰旬『新「関ヶ原合戦」論――定説を覆す史上最大の戦いの真実』（新人物往来社、二〇一一年）
同　『新解釈　関ヶ原合戦の真実――脚色された天下分け目の戦い』（宮帯出版社、二〇一四年）
染谷光廣『秀吉の手紙を読む』（吉川弘文館、二〇一三年）
東京大学史料編纂所編纂『史料綜覧』巻一三（東京大学出版会、一九五四年発行、一九八二年復刻）
乃至政彦・高橋陽介『天下分け目の関ヶ原の合戦はなかった――一次史料が伝える〝通説を根底から覆す〟真実とは』（河出書房新社、二〇一八年）
藤井讓治編『織豊期主要人物居所集成（第二版）』（思文閣出版、二〇一六年）
山田貴司編著『加藤清正』（シリーズ・織豊大名の研究二　戎光祥出版、二〇一四年）

論文・論考（五十音順）

相田文三「徳川家康の居所と行動（天正十年六月以降）」（藤井讓治編『織豊期主要人物居所集成（第二版）』思文閣出版、二〇一六年ａ）
同　「浅野長政の居所と行動」（藤井讓治編『織豊期主要人物居所集成（第二版）』思文閣出版、二〇一六年ｂ）

尾下成敏「前田利家の居所と行動」（藤井讓治編『織豊期主要人物居所集成（第二版）』思文閣出版、二〇一六年ａ）
同「上杉景勝の居所と行動」（藤井讓治編『織豊期主要人物居所集成（第二版）』思文閣出版、二〇一六年ｂ）
川村康之「【解題】クラウゼヴィッツ『戦争論』を理解するために」（戦略研究学会編集・川村康之編著『戦略論大系2 クラウゼヴィッツ』芙蓉書房出版、二〇〇一年）
白峰旬「天正十二年の東海戦役（小牧・長久手の戦い）における秀吉・信雄・家康の城郭戦略」（白峰旬『豊臣の城・徳川の城――戦争・政治と城郭』、校倉書房、二〇〇三年）
同「フィクションとしての小山評定――家康神話創出の一事例」（『別府大学大学院紀要』一四号、二〇一二年）
同「小山評定は歴史的事実なのか（その一）――拙論に対する本多隆成氏の御批判に接して」（『別府大学紀要』五五号、二〇一四年ａ）
同「小山評定は歴史的事実なのか（その二）――拙論に対する本多隆成氏の御批判に接して」（『別府大学大学院紀要』一六号、二〇一四年ｂ）
同「小山評定は歴史的事実なのか（その三）――拙論に対する本多隆成氏の御批判に接して」（『史学論叢』四四号、二〇一四年ｃ）
同「関ヶ原の戦いにおける吉川広家による「御和平」成立捏造のロジック――『吉川家文書之二』〈大日本古文書〉九一三号～九一八号文書、及び、「（慶長五年）九月二十日付近衛信尹宛近衛前久書状」の内容検討」（『愛城研報告』一九号、二〇一五年）

同「神谷道一著『関原合戦図志』について」（日本史史料研究会編『日本史のまめまめしい知識』一巻、岩田書院、二〇一六年）
同「通説打破！　関ヶ原合戦の真実　〝天下分け目の戦い〟はこう推移した」（『歴史群像』第二六巻第五号・No.一四五・二〇一七年一〇月号、学研プラス、二〇一七年九月）
同「関ヶ原の戦い関係の一次史料についての検討（その一）――鍋島家関係文書を中心に」（『愛城研報告』二二号、二〇一八年）
谷徹也「秀吉死後の豊臣政権」（『日本史研究』六一七号、二〇一四年）
同「総論　石田三成論」（谷徹也編著『石田三成』戎光祥出版、二〇一八年）
藤井讓治「前久が手にした関ヶ原情報」（田島公編『禁裏・公家文庫研究』六輯、思文閣出版、二〇一七年）
藤井尚夫「後詰決戦」（藤井尚夫『復元ドキュメント戦国の城』河出書房新社、二〇一〇年）
藤田達生「戦争と城」（歴史学研究会・日本史研究会編『日本史講座』五巻〈近世の形成〉、東京大学出版会、二〇〇四年）
同「「天下分け目の戦い」の時代へ――本研究の前提」（藤田達生編『小牧・長久手の戦いの構造　戦場論 上』岩田書院、二〇〇六年）
水野伍貴「前田利家の死と石田三成襲撃事件」（『政治経済史学』五五七号、日本政治経済史学研究所、二〇一三年）　※のちに「前田利家の死と石田三成の失脚」と改題して、水野伍貴『秀吉死後の権力闘争と関ヶ原前夜』（日本史史料研究会研究選書一〇　日本史史料研究会、二〇一六年）に収録された。
宮本義己「豊臣政権崩壊の謎」（歴史群像シリーズ・戦国セレクション『決戦　関ヶ原』学習研究社、二〇〇〇年）

村井祐樹「初めて見つかった嶋左近の手紙には何が書かれていたのか?」(『歴史人』通巻七一号、二〇一六年一一月号、KKベストセラーズ、二〇一六年)

辞典類(順不同)

『日本国語大辞典(第二版)』一巻(小学館、二〇〇〇年)
『日本国語大辞典(第二版)』二巻(小学館、二〇〇一年)
『日本国語大辞典(第二版)』五巻(小学館、二〇〇一年)
『日本国語大辞典(第二版)』八巻(小学館、二〇〇一年)
『日本国語大辞典(第二版)』九巻(小学館、二〇〇一年)
『日本国語大辞典(第二版)』一〇巻(小学館、二〇〇一年)
『日本国語大辞典(第二版)』一一巻(小学館、二〇〇一年)
『日本国語大辞典(第二版)』一二巻(小学館、二〇〇一年)
『日本国語大辞典(第二版)』一三巻(小学館、二〇〇二年)
室町時代語辞典編修委員会編『時代別国語大辞典』〈室町時代編一〉(三省堂、一九八五年)
同『時代別国語大辞典』〈室町時代編四〉(三省堂、二〇〇〇年)
同『時代別国語大辞典』〈室町時代編五〉(三省堂、二〇〇一年)
土井忠生・森田武・長南実編訳『邦訳日葡辞書』(岩波書店、一九八〇年)
大野晋・佐竹昭広・前田金五郎編『岩波古語辞典(机上版)』(岩波書店、一九八二年)
松村明編『大辞林(第三版)』(三省堂、二〇〇六年)

白峰 旬（しらみね じゅん）

1960年三重県四日市市生まれ。85年、上智大学大学院文学研究科博士前期課程修了。98年、名古屋大学にて博士（歴史学）の学位取得。現在、別府大学文学部史学·文化財学科教授。別府大学アジア歴史文化研究所長。著書に『日本近世城郭史の研究』『豊臣の城・徳川の城——戦争・政治と城郭』（以上、校倉書房）、『幕府権力と城郭統制——修築・監察の実態』（岩田書院）、『新解釈 関ヶ原合戦の真実——脚色された天下分け目の戦い』（宮帯出版社）などがある。

新《しん》視《し》点《てん》 関《せき》ヶ原《はら》合《がっ》戦《せん》 天《てん》下《か》分《わ》け目《め》の戦《たたか》いの通説《つうせつ》を覆《くつがえ》す

発行日　2019年 8 月21日　初版第 1 刷

著者　白峰 旬
発行者　下中美都
発行所　株式会社平凡社
〒101-0051 東京都千代田区神田神保町3-29
電話（03）3230-6581［編集］（03）3230-6573［営業］
振替 00180-0-29639
ホームページ https://www.heibonsha.co.jp/
印刷・製本　株式会社東京印書館
DTP　平凡社制作

ISBN978-4-582-46823-6
NDC分類番号210.47　四六判（18.8cm）　総ページ270
